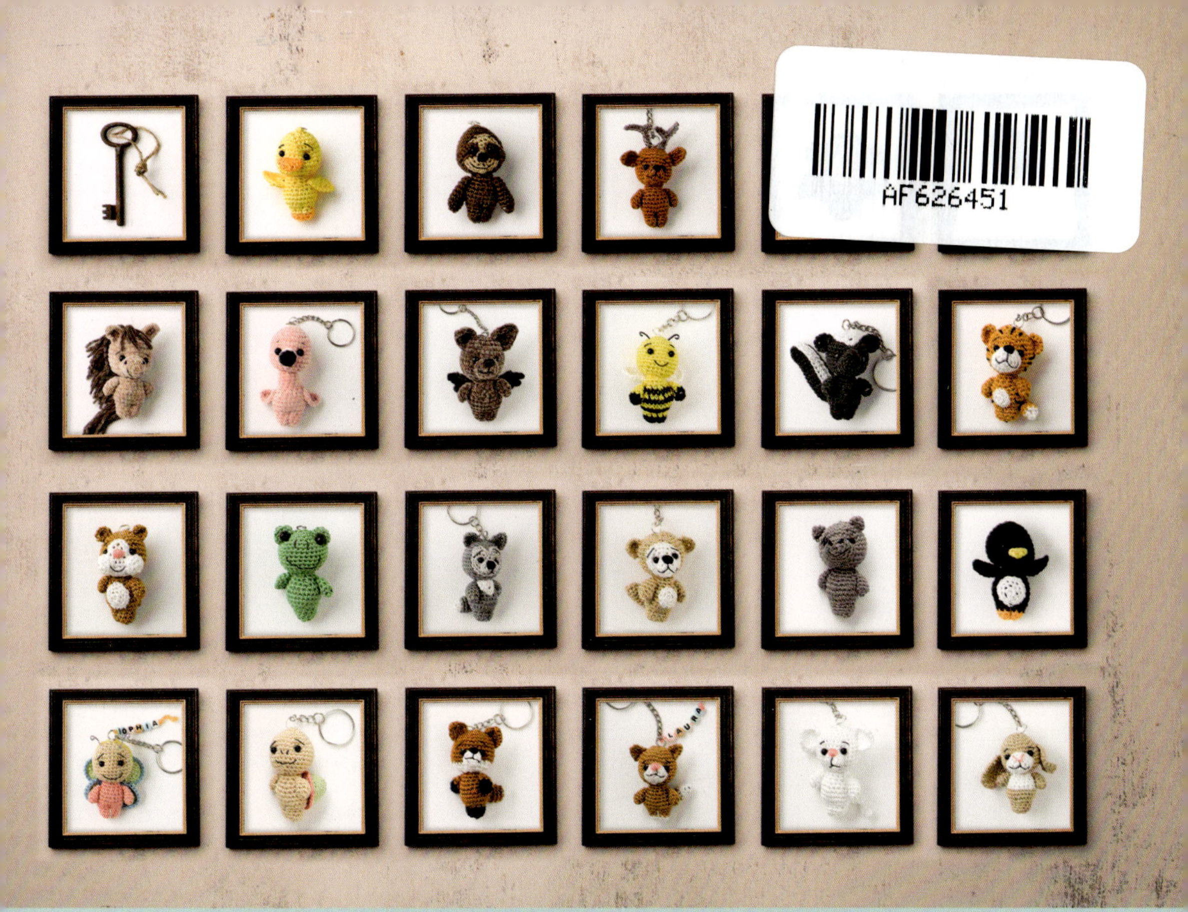

Ein Schlüsselbund mit lauter eintönigen Schlüsseln und kein einziger Farbklecks? Diese kleinen Schlüsseltiere verzaubern jeden langweiligen Schlüsselbund oder Rucksack! Ob typische Haustiere, Waldtiere oder doch exotische Zootiere, bei den kleinen Häkeltierchen ist für jeden etwas dabei!

Mit detaillierten Anleitungen sind die kleinen Anhänger auch einfach nachzuhäkeln und super als kleine Geschenke, Mitbringsel oder einfach als täglicher Begleiter geeignet.

Ob aus dünnem Sticktwist oder dickerem, kuscheligerem Chenillegarn, hier findet jeder die für ihn passende Variante. Legen Sie einfach los und häkeln Sie diese kleinen, süßen Tierchen nach, es klappt ganz bestimmt!

Da wird der Hund in der Pfanne verrückt!

ein kleiner Star kommt ganz groß raus

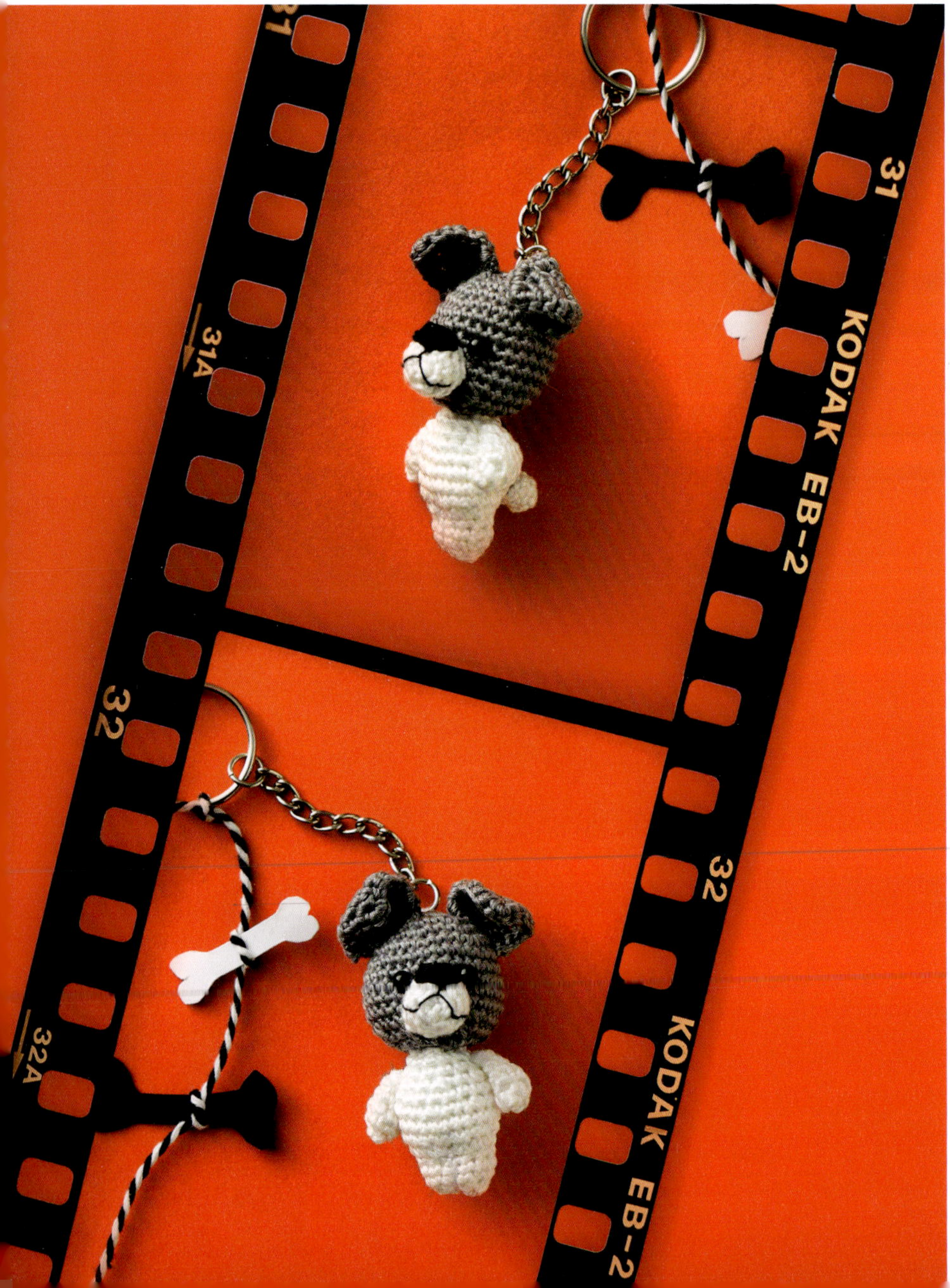

GRÖSSE
6 cm

MATERIAL

- Anchor Sticktwist in Grau (Fb 235) und Weiß (Fb 01), je 1½ Stränge, in Schwarz (Fb 403), Rest
- Häkelnadel 1,25 mm
- Füllwatte
- 2 Glaswachsperlen in Schwarz, ø 4 mm
- Wollnadel
- reißfestes Garn, farblich passend
- Schlüsselring mit Kette

Anleitung

Kopf

In Grau 2 Lm anschl und 6 fM in die 2. M von der Nd aus häkeln.
Mit 1 Km zur Rd schließen und in Spiral-Rd häkeln.
1. Rd: Jede fM verdoppeln (= 12 fM).
2. Rd: Jede 2. fM verdoppeln (= 18 fM).
3. Rd: Jede 3. fM verdoppeln (= 24 fM).
4. Rd: Jede 4. fM verdoppeln (= 30 fM).
5. -9. Rd: Jeweils 30 fM häkeln.
10. Rd: Jede 4. und 5. fM zusammen abmaschen (= 24 fM).
11. Rd: Jede 3. und 4. fM zusammen abmaschen (= 18 fM).
12. Rd: Jede 2. und 3. fM zusammen abmaschen (= 12 fM).
13. Rd: Immer 2 fM zusammen abmaschen (= 6 fM).
Das Teil beenden, den Faden ca. 10 cm lang abschneiden. Den Kopf mit Füllwatte ausstopfen. Die Öffnung mit dem Faden schließen.

Beine und Körper

In Weiß 2 Lm anschl und 6 fM in die 2. M von der Nd aus häkeln. Mit 1 Km zur Rd schließen und in Spiral-Rd häkeln.
1. Rd: Jede fM verdoppeln (= 12 fM).
2. -4. Rd: Jeweils 12 fM häkeln.
5. Rd: Jede fM verdoppeln (= 24 fM).
6.+7. Rd: Jeweils 24 fM häkeln.
8. Rd: Jede 3. und 4. fM zusammen abmaschen (= 18 fM).
9. Rd: 18 fM häkeln.
10. Rd: Jede 2. und 3. fM zusammen abmaschen (= 12 fM).
11.+12. Rd: Jeweils 12 fM häkeln.
Das Teil beenden, den Faden ca. 10 cm lang abschneiden. Beine und Körper mit Füllwatte ausstopfen, dann mit dem Faden am Kopf annähen.
Mit reißfestem Garn die Beine abbinden. Dazu mit der Woll-Nd von unten am Beinbeginn ein- und mittig vorne am unteren Bauch ausstechen. Den Faden erst nach unten und dann nach hinten führen, dort mittig in das Hinterteil einstechen und nach vorne zum Bauch hin wieder ausstechen. Den Faden sehr fest anziehen und vernähen.

Arm (2x)

In Weiß 2 Lm anschl und 4 fM in die 2. M von der Nd aus häkeln. Mit 1 Km zur Rd schließen und in Spiral-Rd häkeln.
1. Rd: Jede fM verdoppeln (= 8 fM).
2. -4. Rd: Jeweils 8 fM häkeln.
Das Teil beenden, den Faden ca. 10 cm lang abschneiden. Den Arm mit wenig Füllwatte ausstopfen, dann mit dem Faden seitlich am Körper annähen.
Den 2. Arm genauso arb und an der anderen Seite des Körpers annähen.

Schnauze

In Weiß 2 Lm anschl und 6 fM in die 2. M von der Nd aus häkeln. Mit 1 Km zur Rd schließen und in Spiral-Rd häkeln.
1. Rd: Jede fM verdoppeln (= 12 fM).
2.+3. Rd: Jeweils 12 fM häkeln.
Das Teil beenden, den Faden ca. 10 cm lang abschneiden. Die Schnauze mit Füllwatte ausstopfen, dann mit dem Faden in der unteren Mitte des Kopfes annähen.

Rückenfleck

In Grau 2 Lm anschl und 6 fM in die 2. M von der Nd aus häkeln.
Mit 1 Km zur Rd schließen und in Spiral-Rd häkeln.
1. Rd: Jede fM verdoppeln (= 12 fM).
Das Teil beenden, den Faden ca. 10 cm lang abschneiden. Den Fleck hinten am Rücken des Hundes mit dem Faden annähen.

Schwanz

In Weiß 2 Lm anschl und 4 fM in die 2. M von der Nd aus häkeln.
Mit 1 Km zur Rd schließen und in Spiral-Rd häkeln.
1. Rd: Jede fM verdoppeln (= 8 fM).
2.+3. Rd: Jeweils 8 fM häkeln.
Das Teil beenden, den Faden ca. 10 cm lang abschneiden. Den Schwanz am Hinterteil des Hundes annähen.

Ohr (2x)

In Grau 1 Lm + 1 Wende-Lm anschl, wenden.
1. R: 2 fM in die Anfangs-Lm häkeln, 1 Wende-Lm, wenden.
Weiter in R häkeln, dabei jede R (außer der letzten) mit 1 Wende-Lm beenden, dann die Arbeit wenden.
2. R: Jede fM verdoppeln (= 4 fM).
3. -6. R: Jeweils 4 fM häkeln.
Das Ohr mit fM umhäkeln. Den Faden ca. 10 cm lang abschneiden. Das Ohr mit dem Faden oben am Kopf annähen, das Ohr etwas umknicken und diesen Knick festnähen.
Das 2. Ohr genauso arb und an der anderen Seite des Kopfes annähen.

Fertigstellen

Mit reißfestem Garn die Perlen als Augen und den Schlüsselring am Kopf annähen. Nase, Augenbrauen und Mund in Schwarz aufsticken.

Katzen machen gerne Faxen

Habt ihr eine Maus gesehen?

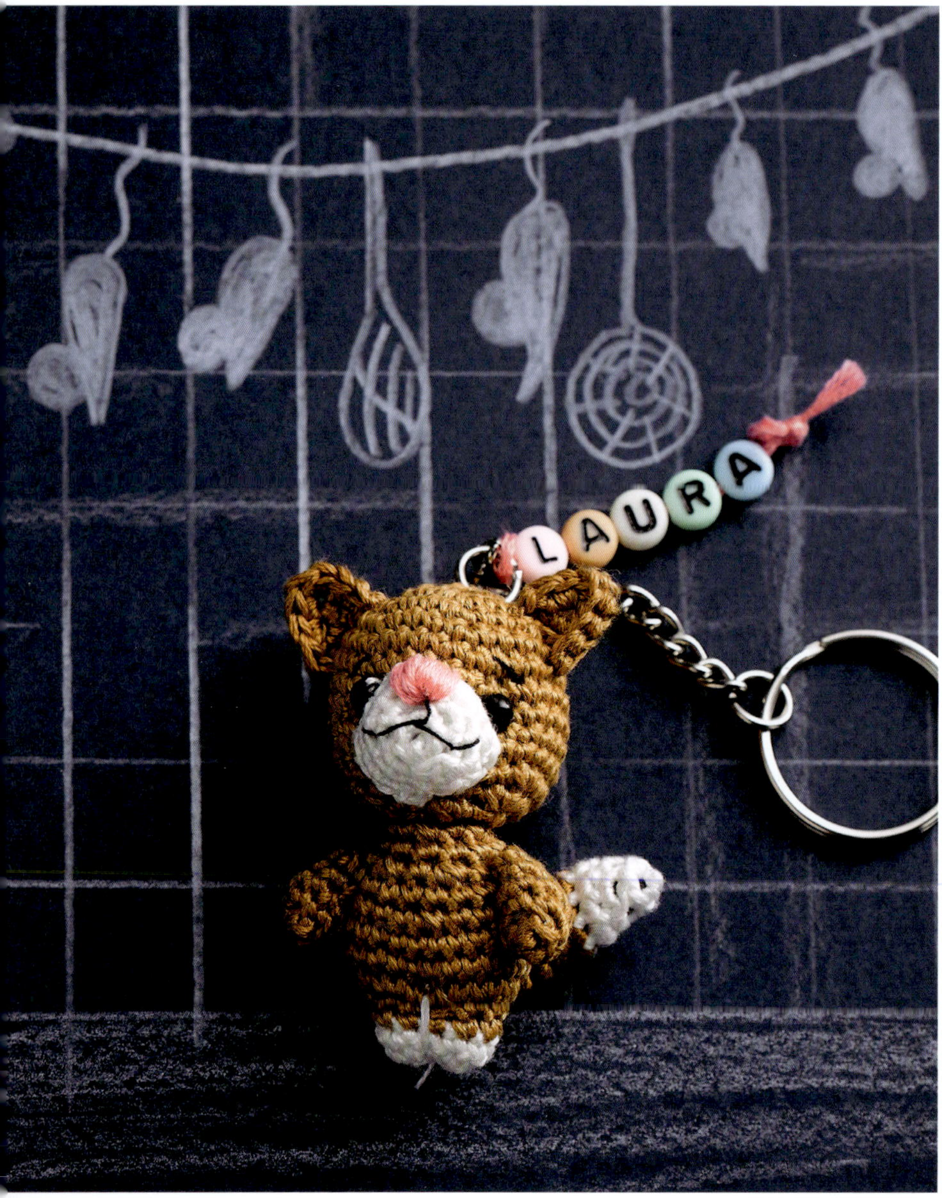

GRÖSSE
6 cm

MATERIAL
- Anchor Sticktwist in Hellbraun (Fb 901), 2½ Stränge, in Weiß (Fb 01) und Rosa (Fb 27), Reste
- Häkelnadel 1,25 mm
- Füllwatte
- 2 Glaswachsperlen in Schwarz, ø 4 mm
- Wollnadel
- Schlüsselring mit Kette
- Chenilledraht, ca. 2,5 cm lang
- bunte Buchstabenperlen für den gewünschten Namen

Anleitung

Kopf

In Hellbraun 2 Lm anschl und 6 fM in die 2. M von der Nd aus häkeln.
Mit 1 Km zur Rd schließen und in Spiral-Rd häkeln.
1. Rd: Jede fM verdoppeln (= 12 fM).
2. Rd: Jede 2. fM verdoppeln (= 18 fM).
3. Rd: Jede 3. fM verdoppeln (= 24 fM).
4. Rd: Jede 4. fM verdoppeln (= 30 fM).
5.-9. Rd: Jeweils 30 fM häkeln.
10. Rd: Jede 4. und 5. fM zusammen abmaschen (= 24 fM).
11. Rd: Jede 3. und 4. fM zusammen abmaschen (= 18 fM).
12. Rd: Jede 2. und 3. fM zusammen abmaschen (= 12 fM).
13. Rd: Immer 2 fM zusammen abmaschen (= 6 fM).
Das Teil beenden, den Faden ca. 10 cm lang abschneiden. Den Kopf mit Füllwatte ausstopfen. Die Öffnung mit dem Faden schließen.

Beine und Körper

In Weiß 2 Lm anschl und 6 fM in die 2. M von der Nd aus häkeln. Mit 1 Km zur Rd schließen und in Spiral-Rd häkeln.
1. Rd: Jede fM verdoppeln (= 12 fM).
2. Rd: 12 fM häkeln.
3.+4. Rd (Hellbraun): Jeweils 12 fM häkeln.
5. Rd: Jede M verdoppeln (= 24 fM).
6.+7. Rd: Jeweils 24 fM häkeln.
8. Rd: Jede 3. und 4. fM zusammen abmaschen (= 18 fM).
9. Rd: 18 fM häkeln.
10. Rd: Jede 2. und 3. fM zusammen abmaschen (= 12 fM).
11.+12. Rd: Jeweils 12 fM häkeln.
Das Teil beenden, den Faden ca. 10 cm lang abschneiden. Beine und Körper mit Füllwatte ausstopfen, dann mit dem Faden am Kopf annähen.
Mit reißfestem Garn die Beine abbinden. Dazu mit der Woll-Nd von unten am Beinbeginn ein- und mittig vorne am unteren Bauch ausstechen. Den Faden erst nach unten und dann nach hinten führen, dort mittig in das Hinterteil einstechen und nach vorne zum Bauch hin wieder ausstechen. Den Faden sehr fest anziehen und vernähen.

Schnauze

In Weiß 2 Lm anschl und 5 fM in die 2. M von der Nd aus häkeln. Mit 1 Km zur Rd schließen und in Spiral-Rd häkeln.
1. Rd: Jede fM verdoppeln (= 10 fM).
2. Rd: Jede 2. fM verdoppeln (= 15 fM).
3. Rd: 15 fM häkeln.
Das Teil beenden, den Faden ca. 10 cm lang abschneiden. Die Schnauze mit Füllwatte ausstopfen, dann mit dem Faden vorn mittig am Kopf annähen.

Arm (2x)

In Hellbraun 2 Lm anschl und 4 fM in die 2. M von der Nd aus häkeln. Mit 1 Km zur Rd schließen und in Spiral-Rd häkeln.
1. Rd: Jede fM verdoppeln (= 8 fM).
2.-4. Rd: Jeweils 8 fM häkeln.
Das Teil beenden, den Faden ca. 10 cm lang abschneiden. Den Arm mit wenig Füllwatte ausstopfen, dann mit dem Faden seitlich am Körper annähen.
Den 2. Arm genauso arb und an der anderen Seite des Körpers annähen.

Schwanz

In Weiß 2 Lm anschl und 4 fM in die 2. M von der Nd aus häkeln. Mit 1 Km zur Rd schließen und in Spiral-Rd häkeln.
1. Rd: Jede fM verdoppeln (= 8 fM).
2. Rd: 8 fM häkeln.
3.-8. Rd (Hellbraun): Jeweils 8 fM häkeln.
Das Teil beenden, den Faden ca. 10 cm lang abschneiden. Den Chenilledraht in den Schwanz einschieben. Den Schwanz mit dem Faden am Hinterteil der Katze annähen.

Ohr (2x)

In Hellbraun 1 Lm + 1 Wende-Lm anschl, wenden.
1. R: 2 fM in die Anfangs-Lm häkeln (= 2 fM), 1 Wende-Lm, wenden.
2. R: Jede fM der Vor-R verdoppeln (= 4 fM).
Das Ohr mit fM umhäkeln. Das Teil beenden, den Faden ca. 10 cm lang abschneiden. Das Ohr am Kopf annähen.
Das 2. Ohr genauso arb und an der anderen Seite des Kopfes annähen.

Fertigstellen

Mit reißfestem Garn die Perlen als Augen und den Schlüsselring am Kopf annähen. In Rosa die Nase und in Schwarz Mund und Augenbrauen aufsticken. Auf ein Reststück Stickgarn die Buchstabenperlen aufziehen und am Schlüsselring befestigen.

Ein Mäuschen im Häuschen

Okäse!

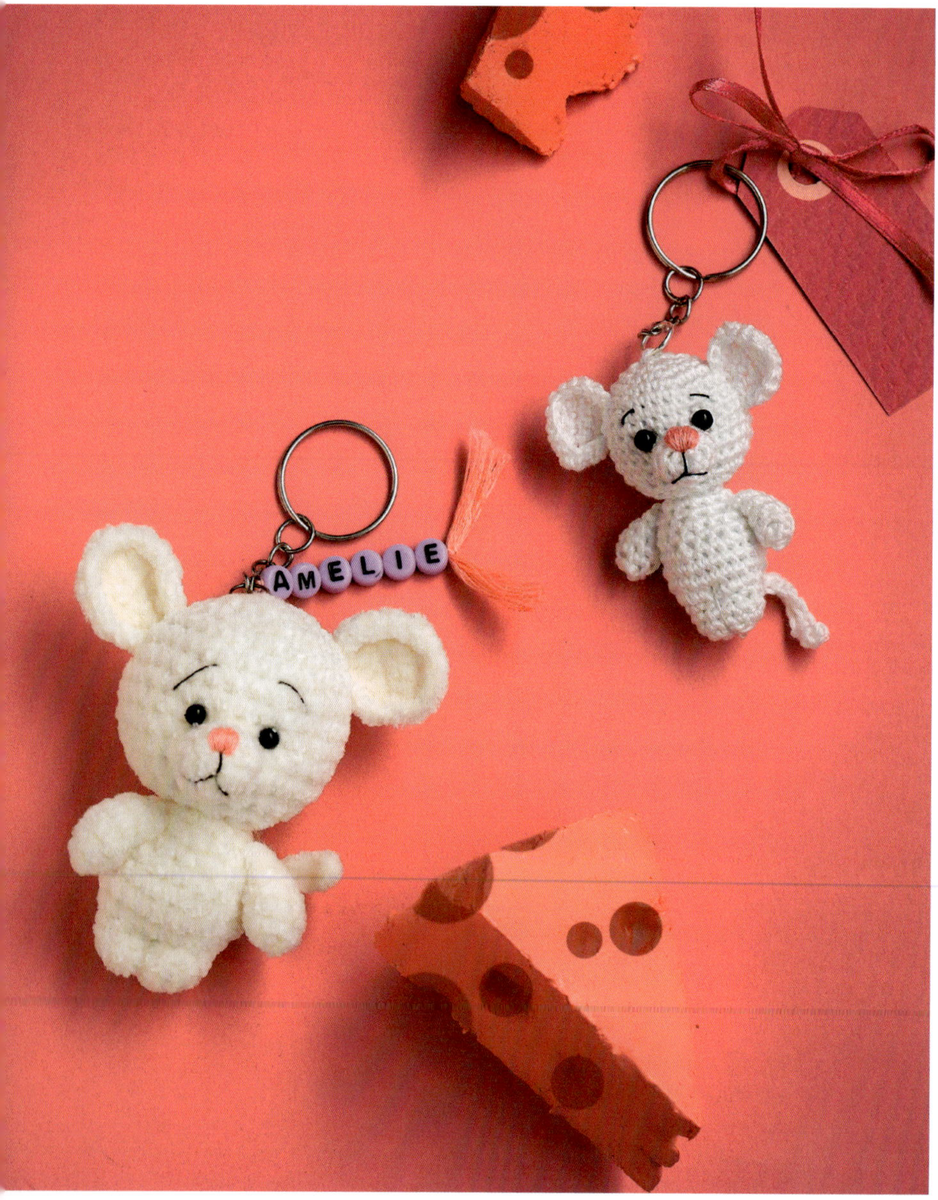

GRÖSSE
Aus Sticktwist: 6 cm/ aus Chenillegarn: 8 cm

MATERIAL
- Anchor Sticktwist in Rosa (Fb 27) und Schwarz (Fb 403), Reste
- Füllwatte
- Schlüsselring mit Kette
- reißfestes Garn, farblich passend
- Wollnadel

MODELL AUS STICKTWIST
- Anchor Sticktwist in Weiß (Fb 01), 2½ Stränge
- Häkelnadel 1,25 mm
- 2 Glaswachsperlen in Schwarz, ø 4 mm

MODELL AUS CHENILLEGARN
- Katia Velvet fine (LL 160 m/50 g) in Weiß (Fb 200), ca. 12 g
- Häkelnadel 1,75 mm
- 2 Holzperlen in Schwarz, ø 6 mm

Anleitung

Beide Modelle nach der gleichen Anleitung arb. Beim Modell aus Chenillegarn jedoch den Faden am Ende eines Häkelteils immer direkt abschneiden und die Teile mit reißfestem Garn aneinandernähen.

Kopf

In Weiß 2 Lm anschl und 6 fM in die 2. M von der Nd aus häkeln. Mit 1 Km zur Rd schließen und in Spiral-Rd häkeln.
1. Rd: Jede fM verdoppeln (= 12 fM).
2. Rd: Jede 2. fM verdoppeln (= 18 fM).
3. Rd: Jede 3. fM verdoppeln (= 24 fM).
4. Rd: Jede 4. fM verdoppeln (= 30 fM).
5.-9. Rd: Jeweils 30 fM häkeln.
10. Rd: Jede 4. und 5. fM zusammen abmaschen (= 24 fM).
11. Rd: Jede 3. und 4. fM zusammen abmaschen (= 18 fM).
12. Rd: Jede 2. und 3. fM zusammen abmaschen (= 12 fM).
13. Rd: Immer 2 fM zusammen abmaschen (= 6 fM).
Das Teil beenden, den Faden ca. 10 cm lang abschneiden. Den Kopf mit Füllwatte ausstopfen. Die Öffnung mit dem Faden schließen.

Beine und Körper

In Weiß 2 Lm anschl und 6 fM in die 2. M von der Nd aus häkeln. Mit 1 Km zur Rd schließen und in Spiral-Rd häkeln.
1. Rd: Jede fM verdoppeln (= 12 fM).
2.-4. Rd: Jeweils 12 fM häkeln.
5. Rd: Jede fM verdoppeln (= 24 fM).
6.+7. Rd: Jeweils 24 fM häkeln.
8. Rd: Jede 3. und 4. fM zusammen abmaschen (= 18 fM).
9. Rd: 18 fM häkeln.
10. Rd: Jede 2. und 3. fM zusammen abmaschen (= 12 fM).
11.+12. Rd: Jeweils 12 fM häkeln.
Das Teil beenden, den Faden ca. 10 cm lang abschneiden. Zuerst die Beine, dann den restlichen Körper mit Füllwatte ausstopfen, dann mit dem Faden am Kopf annähen. Mit reißfestem Garn die Beine abbinden. Dazu mit der Woll-Nd von unten am Beinbeginn ein- und mittig vorne am unteren Bauch ausstechen. Den Faden erst nach unten und dann nach hinten führen, dort mittig in das Hinterteil einstechen und nach vorne zum Bauch hin wieder ausstechen. Den Faden sehr fest anziehen und vernähen.

Arm (2x)

In Weiß 2 Lm anschl und 4 fM in die 2. M von der Nd aus häkeln. Mit 1 Km zur Rd schließen und in Spiral-Rd häkeln.
1. Rd: Jede fM verdoppeln (= 8 fM).
2.-4. Rd: Jeweils 8 fM häkeln.
Das Teil beenden, den Faden ca. 10 cm lang abschneiden. Den Arm mit wenig Füllwatte ausstopfen, dann mit dem Faden seitlich am Körper annähen. Den 2. Arm genauso arb und an der anderen Seite des Körpers annähen.

Schnauze

In Weiß 2 Lm anschl und 5 fM in die 2. M von der Nd aus häkeln. Mit 1 Km zur Rd schließen und in Spiral-Rd häkeln.
1. Rd: Jede fM verdoppeln (= 10 fM).
2.+3. Rd: Jeweils 10 fM häkeln.
Das Teil beenden, den Faden ca. 10 cm lang abschneiden. Die Schnauze mit Füllwatte ausstopfen, dann mit dem Faden vorn mittig am Kopf annähen.

Ohr (2x)

In Weiß 2 Lm + 1 Wende-Lm anschl, wenden.
1. R: 2 fM in jede der 2 Anfangs-Lm häkeln (= 4 fM), 1 Wende-Lm, wenden. Weiter in R häkeln, dabei jede R (außer der letzten) mit 1 Wende-Lm beenden, dann die Arbeit wenden.
2. R: Die erste und die letzte fM jeweils verdoppeln (= 6 fM).
3. R: 6 fM häkeln.
4. R: Die ersten und die letzten 2 fM jeweils zusammen abmaschen (= 4 fM).
Dann das Ohr mit fM umhäkeln. Das Teil beenden, den Faden ca. 10 cm lang abschneiden. Das Ohr am Kopf annähen. Das 2. Ohr genauso arb und an der anderen Seite des Kopfes annähen.

Schwanz

In Weiß 10 Lm + 1 Wende-Lm anschl, wenden und 10 fM häkeln.
Das Teil beenden, den Faden ca. 10 cm lang abschneiden. Den Schwanz am Hinterteil der Maus annähen.

Fertigstellen

Mit reißfestem Garn die Perlen als Augen und den Schlüsselring am Kopf annähen. In Rosa die Nase aufsticken. Mund und Augenbrauen mit Stickgarn in Schwarz aufsticken.

Strähnen in den Mähnen

Ponys stehen uns am besten!

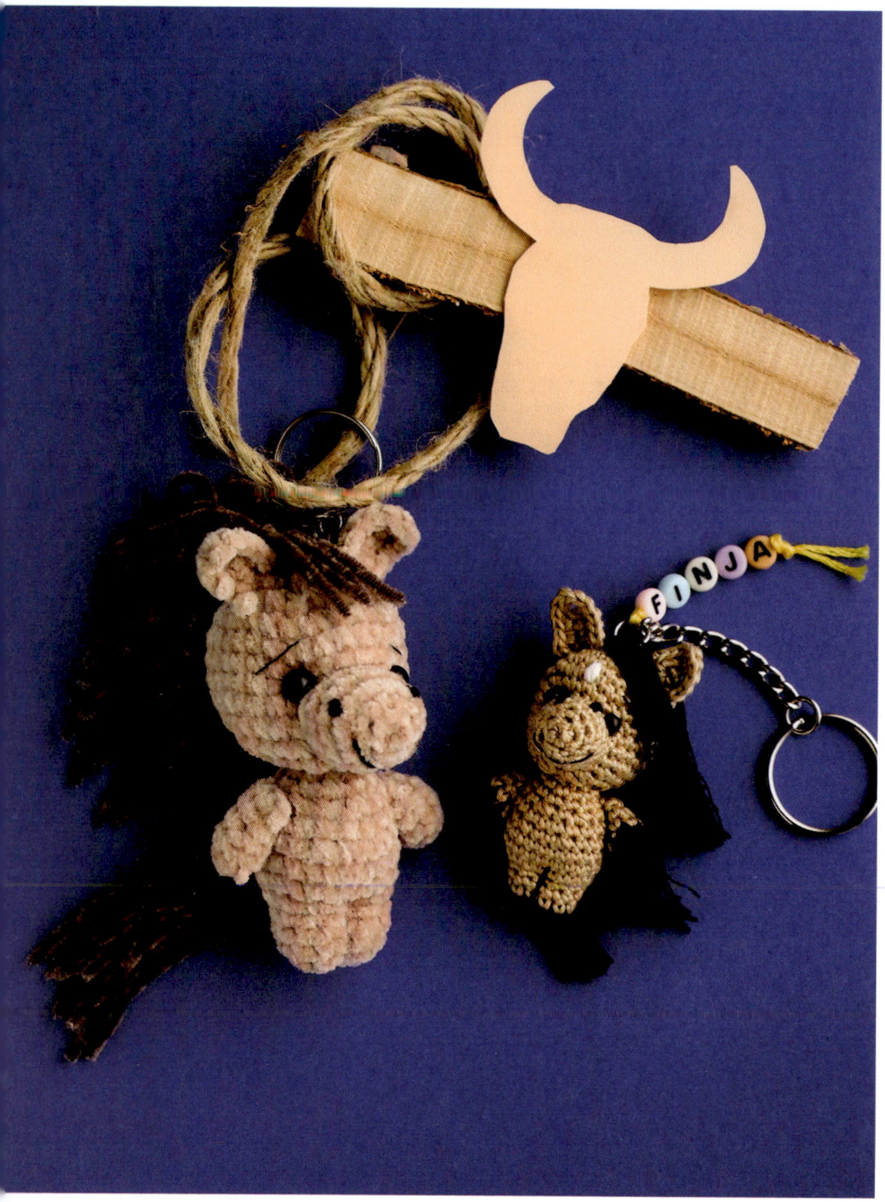

GRÖSSE
Aus Sticktwist: 6 cm/
aus Chenillegarn: 8 cm

MATERIAL

- Füllwatte
- reißfestes Garn, farblich passend
- Wollnadel
- Schlüsselring mit Kette

MODELL AUS STICKTWIST

- Anchor Sticktwist in Beige (Fb 372), 2½ Stränge, in Schwarz (Fb 403), ½ Strang, und in Weiß (Fb 01), Rest
- Häkelnadel 1,25 mm
- 2 Glaswachsperlen in Schwarz, ø 4 mm
- bunte Buchstabenperlen für den gewünschten Namen
- Mohairbürste

MODELL AUS CHENILLEGARN

- Katia Velvet fine (LL 160 m/50 g) in Beige (Fb 201), ca. 12 g, und in Braun (Fb 219), Rest
- Anchor Sticktwist in Schwarz (Fb 403), Rest
- Häkelnadel 1,75 mm
- 2 Holzperlen in Schwarz, ø 6 mm

Anleitung

Beide Modelle nach der gleichen Anleitung arb. Beim Modell aus Chenillegarn jedoch den Faden am Ende eines Häkelteils immer direkt abschneiden und die Teile mit reißfestem Garn aneinandernähen. Darüber hinaus sind abweichende Farben für das Modell aus Chenillegarn nach dem Schrägstrich angegeben.

Hinweis: Alle Teile für das Modell aus Chenillegarn werden in Beige ohne Farbwechsel gearbeitet.

Kopf

In Beige 2 Lm anschl und 6 fM in die 2. M von der Nd aus häkeln.
Mit 1 Km zur Rd schließen und in Spiral-Rd häkeln.
1. Rd: Jede fM verdoppeln (= 12 fM).
2. Rd: Jede 2. fM verdoppeln (= 18 fM).
3. Rd: Jede 3. fM verdoppeln (= 24 fM).
4. Rd: Jede 4. fM verdoppeln (= 30 fM).
5.-9. Rd: Jeweils 30 fM häkeln.
10. Rd: Jede 4. und 5. fM zusammen abmaschen (= 24 fM).
11. Rd: Jede 3. und 4. fM zusammen abmaschen (= 18 fM).
12. Rd: Jede 2. und 3. fM zusammen abmaschen (= 12 fM).
13. Rd: Immer 2 fM zusammen abmaschen (= 6 fM).
Das Teil beenden, den Faden ca. 10 cm lang abschneiden. Den Kopf mit Füllwatte ausstopfen. Die Öffnung mit dem Faden schließen.

Beine und Körper

In Schwarz/Beige 2 Lm anschl und 6 fM in die 2. M von der Nd aus häkeln. Mit 1 Km zur Rd schließen und in Spiral-Rd häkeln.
1. Rd: Jede fM verdoppeln (= 12 fM).
2.-4. Rd (Beige): Jeweils 12 fM häkeln.
5. Rd: Jede fM verdoppeln (= 24 fM).
6.+7. Rd: Jeweils 24 fM häkeln.
8. Rd: Jede 3. und 4. fM zusammen abmaschen (= 18 fM).
9. Rd: 18 fM häkeln.
10. Rd: Jede 2. und 3. fM zusammen abmaschen (= 12 fM).
11.+12. Rd: Jeweils 12 fM häkeln.
Das Teil beenden, den Faden ca. 10 cm lang abschneiden. Zuerst die Beine, dann den restlichen Körper mit Füllwatte ausstopfen, dann mit dem Faden am Kopf annähen. Mit reißfestem Garn die Beine abbinden. Dazu mit der Woll-Nd von unten am Beinbeginn ein- und mittig vorne am unteren Bauch ausstechen. Den Faden erst nach unten und dann nach hinten führen, dort mittig in das Hinterteil einstechen und nach vorne zum Bauch hin wieder ausstechen. Den Faden sehr fest anziehen und vernähen.

Arm (2x)

In Schwarz/Beige 2 Lm anschl und 4 fM in die 2. M von der Nd aus häkeln. Mit 1 Km zur Rd schließen und in Spiral-Rd häkeln.
1. Rd: Jede fM verdoppeln (= 8 fM).
2. Rd: 8 fM häkeln.
3.+4. Rd (Beige): Jeweils 8 fM häkeln.
Das Teil beenden, den Faden ca. 10 cm lang abschneiden. Den Arm mit wenig Füllwatte ausstopfen, dann mit dem Faden seitlich am Körper annähen.
Den 2. Arm genauso arb und an der anderen Seite des Körpers annähen.

Maul

In Beige 2 Lm anschl und 5 fM in die 2. M von der Nd aus häkeln.
Mit 1 Km zur Rd schließen und in Spiral-Rd häkeln.
1. Rd: Jede fM verdoppeln (= 10 fM).
2. Rd: Jede 2. fM verdoppeln (=15 fM).
3.+4. Rd: Jeweils 15 fM häkeln.
Das Teil beenden, den Faden ca. 10 cm lang abschneiden. Das Maul mit Füllwatte ausstopfen, dann mit dem Faden vorn mittig am Kopf annähen.

Ohr (2x)

In Beige 1 Lm + 1 Wende-Lm anschl, wenden
1. R: 2 fM in die Anfangs-Lm häkeln, 1 Wende-Lm, wenden.
Weiter in R häkeln, dabei jede R (außer der letzten) mit 1 Wende-Lm beenden, dann die Arbeit wenden.
2. R: Jede fM verdoppeln (= 4 fM).
3.+4. R: Jeweils 4 fM häkeln.
Dann das Ohr mit fM umhäkeln.
Das Teil beenden, den Faden ca. 10 cm lang abschneiden. Das Ohr am Kopf annähen.
Das 2. Ohr genauso arb und an der anderen Seite des Kopfes annähen.

Fertigstellen

Mit reißfestem Garn die Perlen als Augen und den Schlüsselring am Kopf annähen. Für Mähne und Schweif Fäden in Schwarz/Braun einknüpfen. Das Stickgarn vorsichtig mit einer Mohairbürste bürsten. Nüstern, Mund und Augenbrauen mit Stickgarn in Schwarz aufsticken. Auf ein Reststück Stickgarn die Buchstabenperlen aufziehen und am Schlüsselring befestigen.

Ente(rtainment)

Quak! Quak!

Anleitung

Kopf

In Gelb 2 Lm anschl und 6 fM in die 2. M von der Nd aus häkeln. Mit 1 Km zur Rd schließen und in Spiral-Rd häkeln.

1. Rd: Jede fM verdoppeln (= 12 fM).
2. Rd: Jede 2. fM verdoppeln (= 18 fM).
3. Rd: Jede 3. fM verdoppeln (= 24 fM).
4. Rd: Jede 4. fM verdoppeln (= 30 fM).

5.-9. Rd: Jeweils 30 fM häkeln.

10. Rd: Jede 4. und 5. fM zusammen abmaschen (= 24 fM).
11. Rd: Jede 3. und 4. fM zusammen abmaschen (= 18 fM).
12. Rd: Jede 2. und 3. fM zusammen abmaschen (= 12 fM).
13. Rd: Immer 2 fM zusammen abmaschen (= 6 fM).

Das Teil beenden, den Faden ca. 10 cm lang abschneiden. Den Kopf mit Füllwatte ausstopfen. Die Öffnung mit dem Faden schließen.

Beine und Körper

In Orange 2 Lm anschl und 6 fM in die 2. M von der Nd aus häkeln.
Mit 1 Km zur Rd schließen und in Spiral-Rd häkeln.

1. Rd: Jede fM verdoppeln (= 12 fM).
2. Rd: 12 fM häkeln.

3.+4. Rd (Gelb): Jeweils 12 fM häkeln.

5. Rd: Jede fM verdoppeln (= 24 fM).

6.+7. Rd: Jeweils 24 fM häkeln.

8. Rd: Jede 3. und 4. fM zusammen abmaschen (= 18 fM).
9. Rd: 18 fM häkeln.
10. Rd: Jede 2. und 3. fM zusammen abmaschen (= 12 fM).

11.+12. Rd: Jeweils 12 fM häkeln.

Das Teil beenden, den Faden ca. 10 cm lang abschneiden. Beine und Körper mit Füllwatte ausstopfen, dann mit dem Faden am Kopf annähen.
Mit reißfestem Garn die Beine abbinden. Dazu mit der Woll-Nd von unten am Beinbeginn ein- und mittig vorne am unteren Bauch ausstechen. Den Faden erst nach unten und dann nach hinten führen, dort mittig in das Hinterteil einstechen und nach vorne zum Bauch hin wieder ausstechen. Den Faden sehr fest anziehen und vernähen.

Schnabel

In Orange 2 Lm anschl und 6 fM in die 2. M von der Nd aus häkeln.
Mit 1 Km zur Rd schließen und in Spiral-Rd häkeln.

1. Rd: Jede fM verdoppeln (= 12 fM).

2.+3. Rd: Jeweils 12 fM häkeln.

Das Teil beenden, den Faden ca. 10 cm lang abschneiden. Den Schnabel flach drücken und mit dem Faden in der unteren Mitte des Kopfes annähen.

Flügel (2x)

In Gelb 1 Lm + 1 Wende-Lm anschl, wenden.

1. R: 2 fM in die Anfangs-Lm häkeln (= 2 fM), 1 Wende-Lm arb, wenden.

Weiter in R häkeln, dabei jede R (außer der letzten) mit 1 Wende-Lm beenden, dann die Arbeit wenden.

2. R: Die 2 fM der Vor-R verdoppeln (= 4 fM).
3. R: Die erste und die letzte fM jeweils verdoppeln (= 6 fM).
4. R: Die ersten und die letzten 2 fM jeweils zusammen abmaschen (= 4 fM)
5. R: 4 fM häkeln.

Den Flügel mit fM umhäkeln. Das Teil beenden, den Faden ca. 10 cm lang abschneiden. Den Flügel mit dem Faden seitlich am Körper annähen.
Den 2. Flügel genauso arb und an der anderen Seite des Körpers annähen.

Fertigstellen

Mit reißfestem Garn die Perlen als Augen und den Schlüsselring am Kopf annähen. Die Augenbrauen mit Stickgarn in Schwarz aufsticken.

GRÖSSE
6 cm

MATERIAL

- Anchor Sticktwist in Gelb (Fb 290), 2½ Stränge, in Orange (Fb 303), ½ Strang, und in Schwarz (Fb 403), Rest
- Häkelnadel 1,25 mm
- Füllwatte
- 2 Glaswachsperlen in Schwarz, ø 4 mm
- Wollnadel
- reißfestes Garn, farblich passend
- Schlüsselring mit Kette

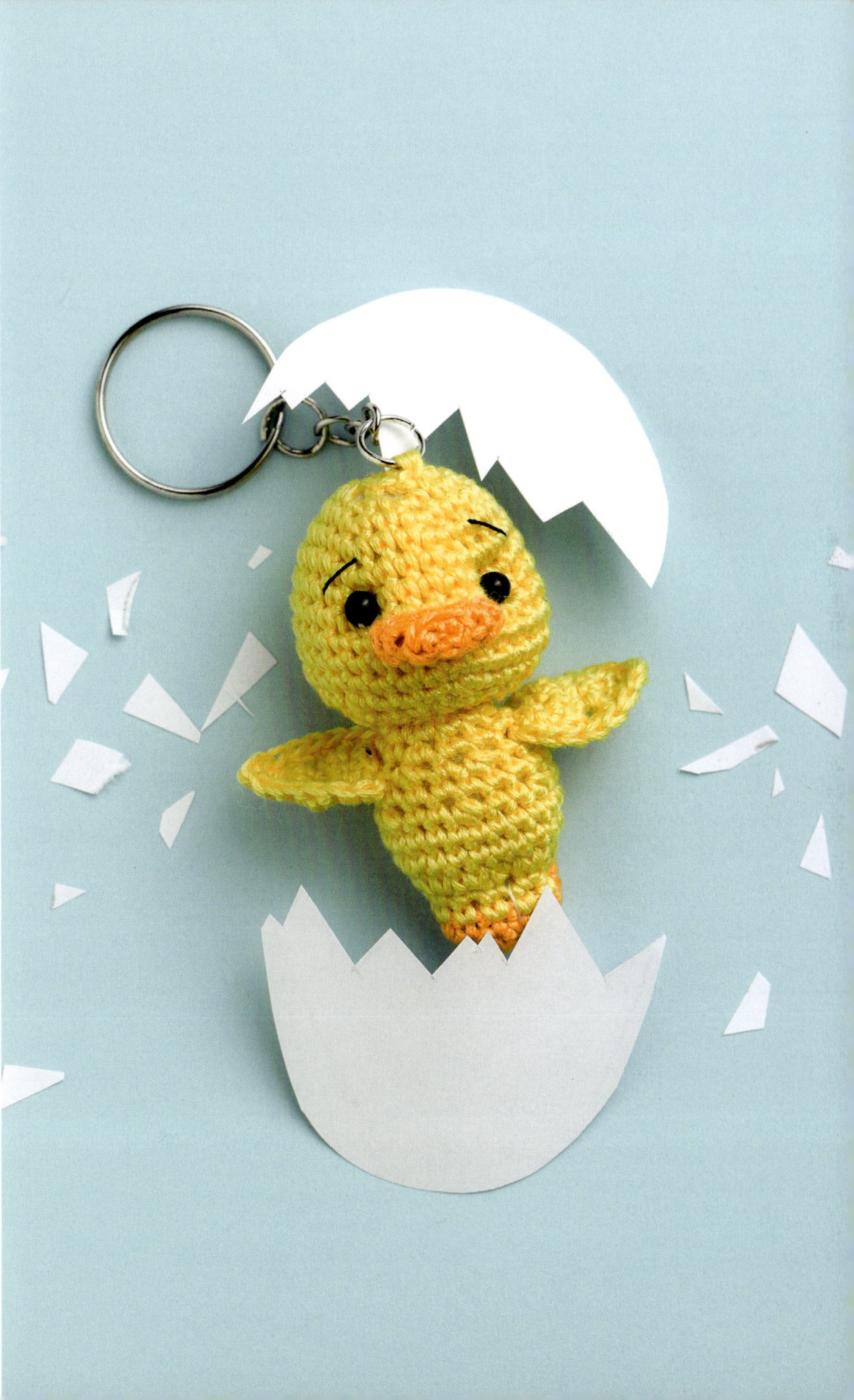

Turtle(y) Awesome!

die Letzten werden die Ersten sein

Anleitung

Kopf

In Hellbeige 2 Lm anschl und 6 fM in die 2. M von der Nd aus häkeln. Mit 1 Km zur Rd schließen und in Spiral-Rd häkeln.

1. Rd: Jede fM verdoppeln (= 12 fM).
2. Rd: Jede 2. fM verdoppeln (= 18 fM).
3. Rd: Jede 3. fM verdoppeln (= 24 fM).
4. Rd: Jede 4. fM verdoppeln (= 30 fM).
5. -9. Rd: Jeweils 30 fM häkeln.
10. Rd: Jede 4. und 5. fM zusammen abmaschen (= 24 fM).
11. Rd: Jede 3. und 4. fM zusammen abmaschen (= 18 fM).
12. Rd: Jede 2. und 3. fM zusammen abmaschen (= 12 fM).
13. Rd: Immer 2 fM zusammen abmaschen (= 6 fM).

Das Teil beenden, den Faden ca. 10 cm lang abschneiden. Den Kopf mit Füllwatte ausstopfen. Die Öffnung mit dem Faden schließen.

Beine und Körper

In Hellbeige 2 Lm anschl und 6 fM in die 2. M von der Nd aus häkeln. Mit 1 Km zur Rd schließen und in Spiral-Rd häkeln.

1. Rd: Jede fM verdoppeln (= 12 fM).
2. -4. Rd: Jeweils 12 fM häkeln.
5. Rd: Jede fM verdoppeln (= 24 fM).
6.+7. Rd: Jeweils 24 fM häkeln.
8. Rd: Jede 3. und 4. fM zusammen abmaschen (= 18 fM).
9. Rd: 18 fM häkeln.
10. Rd: Jede 2. und 3. fM zusammen abmaschen (= 12 fM).
11.+12. Rd: Jeweils 12 fM häkeln.

Das Teil beenden, den Faden ca. 10 cm lang abschneiden. Beine und Körper mit Füllwatte ausstopfen, dann mit dem Faden am Kopf annähen.
Mit reißfestem Garn die Beine abbinden. Dazu mit der Woll-Nd von unten am Beinbeginn ein- und mittig vorne am unteren Bauch ausstechen. Den Faden erst nach unten und dann nach hinten führen, dort mittig in das Hinterteil einstechen und nach vorne zum Bauch hin wieder ausstechen. Den Faden sehr fest anziehen und vernähen.

Arm (2x)

In Hellbeige 2 Lm anschl und 4 fM in die 2. M von der Nd aus häkeln. Mit 1 Km zur Rd schließen und in Spiral-Rd häkeln.

1. Rd: Jede fM verdoppeln (= 8 fM).
2. -4. Rd: Jeweils 8 fM häkeln.

Das Teil beenden, den Faden ca. 10 cm lang abschneiden. Den Arm mit wenig Füllwatte ausstopfen, dann mit dem Faden seitlich am Körper annähen.
Den 2. Arm genauso arb und an der anderen Seite des Körpers annähen.

Panzer

In Hellgrün 2 Lm anschl und 5 fM in die 2. M von der Nd aus häkeln.
Mit 1 Km zur Rd schließen und in Spiral-Rd häkeln.

1. Rd: Jede fM verdoppeln (= 10 fM).
2. Rd: 10 fM häkeln.
3. Rd: Jede 2. fM verdoppeln (= 15 fM).
4. Rd: 15 fM häkeln.
5. Rd: Jede 3. fM verdoppeln (= 20 fM).
6.+7. Rd: Jeweils 20 fM häkeln.
8. Rd: Jede 3. und 4. fM zusammen abmaschen (= 15 fM).
9. Rd: Jede 2. und 3. fM zusammen abmaschen (= 10 fM).
10. Rd: Immer 2 fM zusammen abmaschen (= 5 fM).

Das Teil beenden, den Faden ca. 10 cm lang abschneiden. Den Panzer mit Füllwatte ausstopfen. Die Öffnung mit dem Faden schließen.

Panzerumrandung

In Rosa in der 6. Rd des Panzers neu anschlingen und in jede M der 6. Rd 1 fM häkeln, mit 1 Km zur Rd schließen.
In der nächsten Rd jede 2. fM der Vor-Rd verdoppeln, mit 1 Km schließen.

Fertigstellen

Den Panzer mit reißfestem Garn auf dem Rücken der Schildkröte annähen. Mit reißfestem Garn die Perlen als Augen und den Schlüsselring am Kopf annähen. Die Augenbrauen und die Nasenlöcher mit Stickgarn in Schwarz aufsticken.

GRÖSSE
6 cm

MATERIAL

- Anchor Sticktwist in Hellbeige (Fb 361), 2 Stränge, in Hellgrün (Fb 253), 1 Strang, und in Rosa (Fb 27), Rest
- Häkelnadel 1,25 mm
- Füllwatte
- 2 Glaswachsperlen in Schwarz, ø 4 mm
- Wollnadel
- reißfestes Garn, farblich passend
- Schlüsselring mit Kette

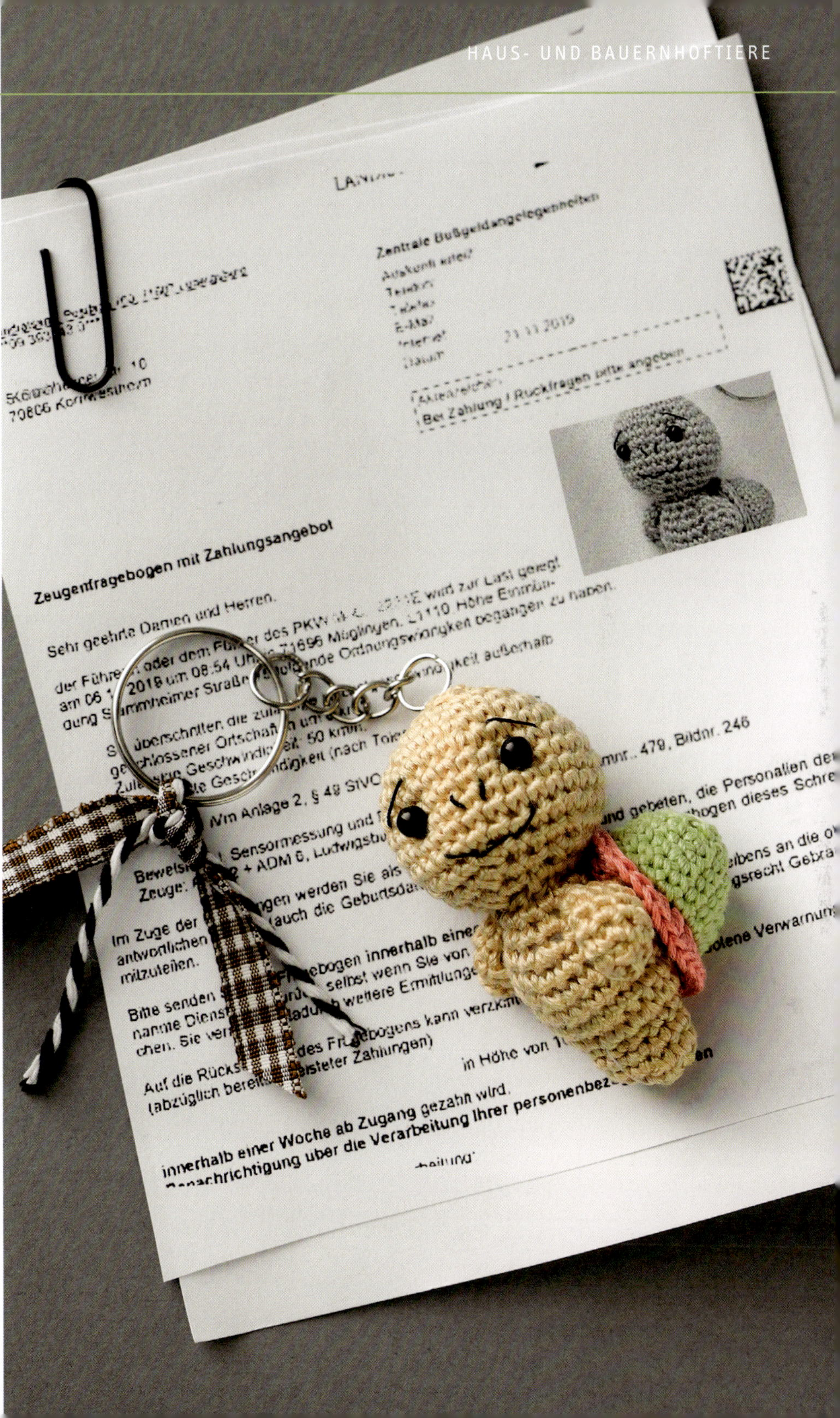

Durchgedreht im Hamsterrad

Wir lieben Hamster(n)!

GRÖSSE
6 cm

MATERIAL
- Anchor Sticktwist in Hellbraun (Fb 901), 2½ Stränge, in Weiß (Fb 01), 1 Strang, in Schwarz (Fb 403) und Rosa (Fb 27), Reste
- Häkelnadel 1,25 mm
- Füllwatte
- 2 Glaswachsperlen in Schwarz, ø 4 mm
- Wollnadel
- reißfestes Garn, farblich passend
- Schlüsselring mit Kette

Anleitung

Kopf

In Hellbraun 2 Lm anschl und 6 fM in die 2. M von der Nd aus häkeln. Mit 1 Km zur Rd schließen und in Spiral-Rd häkeln.
1. Rd: Jede fM verdoppeln (= 12 fM).
2. Rd: Jede 2. fM verdoppeln (= 18 fM).
3. Rd: Jede 3. fM verdoppeln (= 24 fM).
4. Rd: Jede 4. fM verdoppeln (= 30 fM).
5.-9. Rd: Jeweils 30 fM häkeln.
10. Rd: Jede 4. und 5. fM zusammen abmaschen (= 24 fM).
11. Rd: Jede 3. und 4. fM zusammen abmaschen (= 18 fM).
12. Rd: Jede 2. und 3. fM zusammen abmaschen (= 12 fM).
13. Rd: Immer 2 fM zusammen abmaschen (= 6 fM).
Das Teil beenden, den Faden ca. 10 cm lang abschneiden. Den Kopf mit Füllwatte ausstopfen. Die Öffnung mit dem Faden schließen.

Beine und Körper

In Hellbraun 2 Lm anschl und 6 fM in die 2. M von der Nd aus häkeln. Mit 1 Km zur Rd schließen und in Spiral-Rd häkeln.
1. Rd: Jede fM verdoppeln (= 12 fM).
2.-4. Rd: Jeweils 12 fM häkeln.
5. Rd: Jede fM verdoppeln (= 24 fM).
6.+7. Rd: Jeweils 24 fM häkeln.
8. Rd: Jede 3. und 4. fM zusammen abmaschen (= 18 fM)
9. Rd: 18 fM häkeln.
10. Rd: Jede 2. und 3. fM zusammen abmaschen (= 12 fM).
11.+12. Rd: Jeweils 12 fM häkeln.
Das Teil beenden, den Faden ca. 10 cm lang abschneiden. Beine und Körper mit Füllwatte ausstopfen, dann mit dem Faden am Kopf annähen.
Mit reißfestem Garn die Beine abbinden. Dazu mit der Woll-Nd von unten am Beinbeginn ein- und mittig vorne am unteren Bauch ausstechen. Den Faden erst nach unten und dann nach hinten führen, dort mittig in das Hinterteil einstechen und nach vorne zum Bauch hin wieder ausstechen. Den Faden sehr fest anziehen und vernähen.

Arm (2x)

In Hellbraun 2 Lm anschl und 4 fM in die 2. M von der Nd aus häkeln. Mit 1 Km zur Rd schließen und in Spiral-Rd häkeln.
1. Rd: Jede fM verdoppeln (= 8 fM).
2.-4. Rd: Jeweils 8 fM häkeln.
Das Teil beenden, den Faden ca. 10 cm lang abschneiden. Den Arm mit wenig Füllwatte ausstopfen, dann mit dem Faden seitlich am Körper annähen.
Den 2. Arm genauso arb und an der anderen Seite des Körpers annähen.

Gesicht

In Weiß 2 Lm + 1 Wende-Lm anschl, wenden.
1. R: In jede der beiden Anfangs-Lm 2 fM häkeln (= 4 fM), 1 Wende-Lm, wenden.
Weiter in R häkeln, dabei jede R mit 1 Wende-Lm beenden, dann die Arbeit wenden.
2.+3. R: Jeweils 4 fM häkeln.
4.+5. R: Jeweils die erste und die letzte fM verdoppeln (= 8 fM nach der 5. R).
6. R: Die ersten und die letzten 2 fM zusammen abmaschen (= 6 fM).
Dann mit fM umhäkeln. Den Faden ca. 10 cm lang abschneiden. Das Gesicht mit dem Faden vorn an den Kopf nähen, dabei zeigt die breite

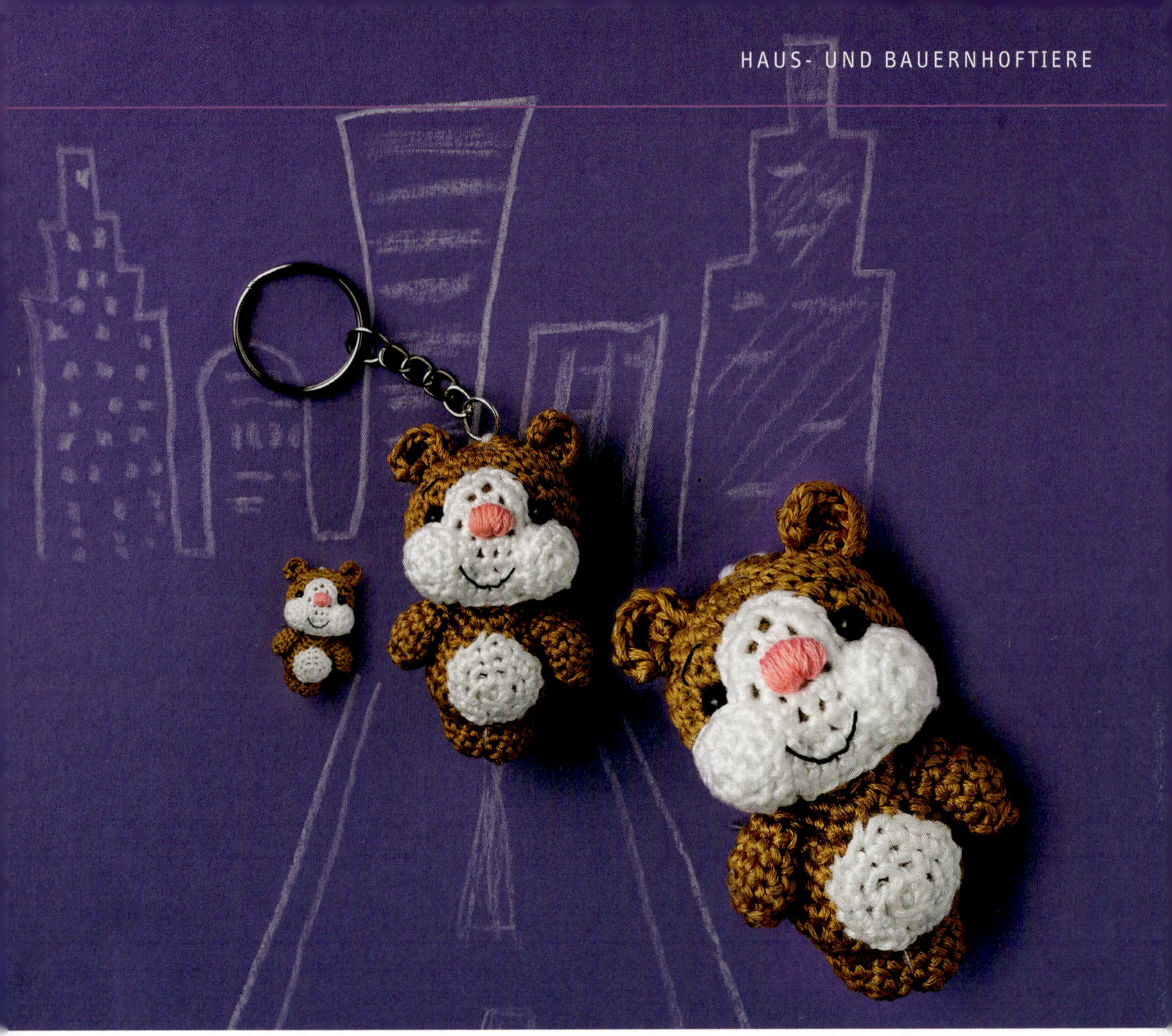

Seite nach unten und die schmale Seite nach oben.

Backe (2x)

In Weiß 2 Lm anschl und 5 fM in die 2. M von der Nd aus häkeln. Mit 1 Km zur Rd schließen und in Spiral-Rd häkeln.
1. Rd: Jede fM verdoppeln (= 10 fM).
2. Rd: Jede 2. fM verdoppeln (= 15 fM).
Das Teil beenden, den Faden ca. 10 cm lang abschneiden. Die Backe mit etwas Füllwatte ausstopfen, dann mit dem Faden seitlich am Gesicht annähen. Die 2. Backe genauso arb und an der anderen Seite des Gesichts annähen.

Ohr (2x)

In Hellbraun 2 Lm + 1 Wende-Lm anschl, wenden und jeweils 2 fM in die 2 Anfangs-Lm häkeln (= 4 fM). Das Ohr mit fM umhäkeln. Den Faden ca. 10 cm lang abschneiden. Das Ohr mit dem Faden oben am Kopf annähen. Das 2. Ohr genauso arb und an der anderen Seite des Kopfes annähen.

Schwanz

In Hellbraun 2 Lm anschl und 4 fM in die 2. M von der Nd aus häkeln. Mit 1 Km zur Rd schließen und in Spiral-Rd häkeln.
1. Rd: Jede M verdoppeln (= 8 fM).
Das Teil beenden, den Faden ca. 10 cm lang abschneiden. Den Faden durch die M an der Öffnung ziehen, zusammenziehen und den Schwanz am Hinterteil des Hamsters annähen.

Fertigstellen

Mit reißfestem Garn die Perlen als Augen und den Schlüsselring am Kopf annähen. Die Nase in Rosa, Augenbrauen und Mund in Schwarz aufsticken.

Very Bunny!

Hat jemand Karotte gesagt?

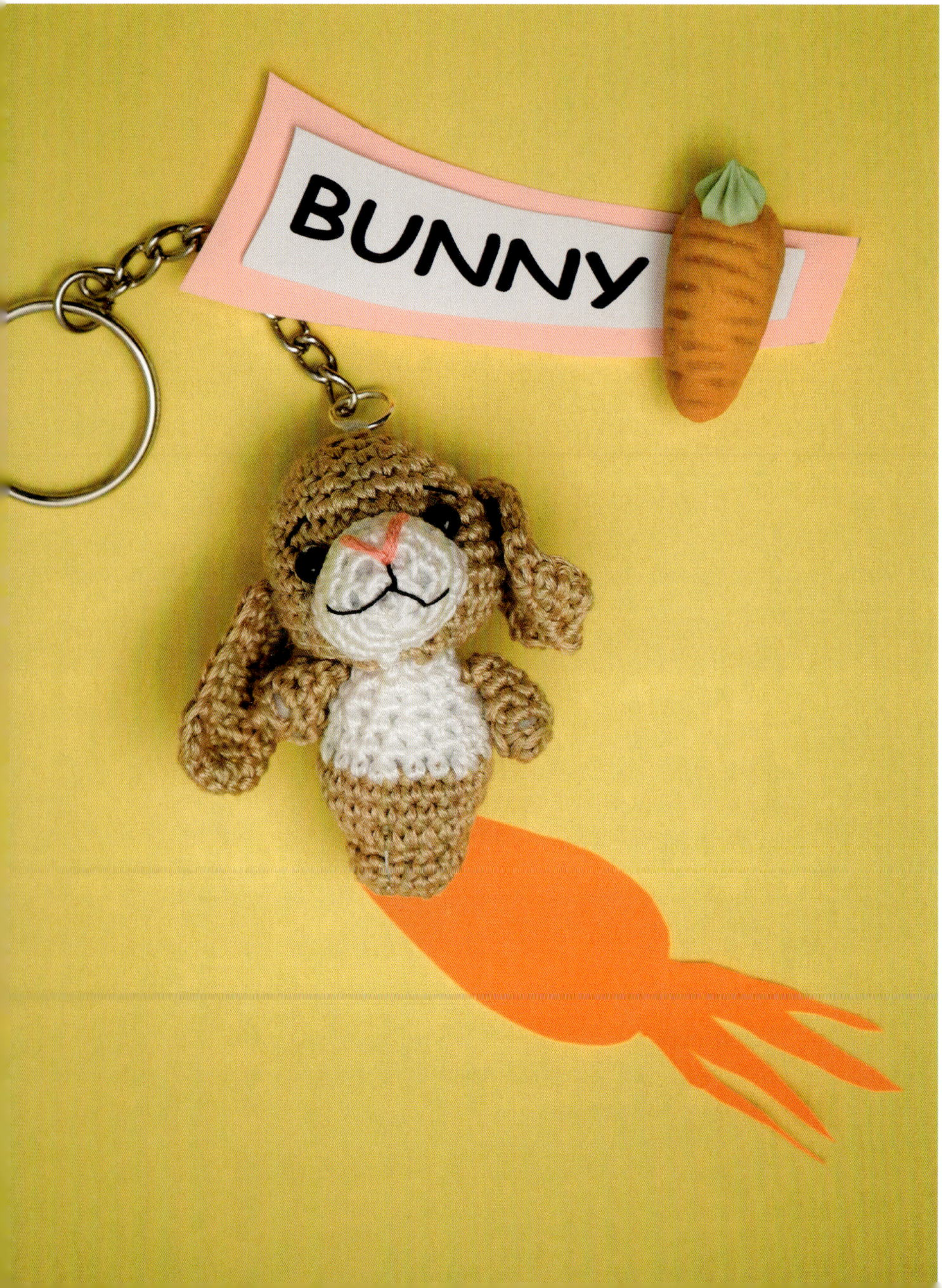

GRÖSSE
5,5 cm

MATERIAL

- Anchor Sticktwist in Beige (Fb 372), 2 Stränge, in Weiß (Fb 01), 1 Strang, in Schwarz (Fb 403) und Rosa (Fb 27), Reste
- Häkelnadel 1,25 mm
- Füllwatte
- 2 Glaswachsperlen in Schwarz, ø 4 mm
- Wollnadel
- reißfestes Garn, farblich passend
- Schlüsselring mit Kette

Anleitung

Kopf

In Beige 2 Lm anschl und 6 fM in die 2. M von der Nd aus häkeln.
Mit 1 Km zur Rd schließen und in Spiral-Rd häkeln.
1. Rd: Jede fM verdoppeln (= 12 fM).
2. Rd: Jede 2. fM verdoppeln (= 18 fM).
3. Rd: Jede 3. fM verdoppeln (= 24 fM).
4. Rd: Jede 4. fM verdoppeln (= 30 fM).
5. -9. Rd: Jeweils 30 fM häkeln.
10. Rd: Jede 4. und 5. fM zusammen abmaschen (= 24 fM).
11. Rd: Jede 3. und 4. fM zusammen abmaschen (= 18 fM).
12. Rd: Jede 2. und 3. fM zusammen abmaschen (= 12 fM).
13. Rd: Immer 2 fM zusammen abmaschen (= 6 fM).
Das Teil beenden, den Faden ca. 10 cm lang abschneiden. Den Kopf mit Füllwatte ausstopfen. Die Öffnung mit dem Faden schließen.

Beine und Körper

In Beige 2 Lm anschl und 6 fM in die 2. M von der Nd aus häkeln.
Mit 1 Km zur Rd schließen und in Spiral-Rd häkeln.
1. Rd: Jede fM verdoppeln (= 12 fM).
2. -4. Rd: Jeweils 12 fM häkeln.
5. Rd: Jede fM verdoppeln (= 24 fM).
6.+7. Rd: Jeweils 24 fM häkeln.
8. Rd (Weiß): Jede 3. und 4. fM zusammen abmaschen (= 18 fM).
9. Rd: 18 fM häkeln.
10. Rd: Jede 2. und 3. fM zusammen abmaschen (= 12 fM).
11.+12. Rd: Jeweils 12 fM häkeln.
Das Teil beenden, den Faden ca. 10 cm lang abschneiden. Beine und Körper mit Füllwatte ausstopfen, dann mit dem Faden am Kopf annähen.
Mit reißfestem Garn die Beine abbinden. Dazu mit der Woll-Nd von unten am Beinbeginn ein- und mittig vorne am unteren Bauch ausstechen. Den Faden erst nach unten und dann nach hinten führen, dort mittig in das Hinterteil einstechen und nach vorne zum Bauch hin wieder ausstechen. Den Faden sehr fest anziehen und vernähen.

Arm (2x)

In Beige 2 Lm anschl und 4 fM in die 2. M von der Nd aus häkeln.
Mit 1 Km zur Rd schließen und in Spiral-Rd häkeln.
1. Rd: Jede fM verdoppeln (= 8 fM).
2. -4. Rd: Jeweils 8 fM häkeln.
Das Teil beenden, den Faden ca. 10 cm lang abschneiden. Den Arm mit wenig Füllwatte ausstopfen, dann mit dem Faden seitlich am Körper annähen.
Den 2. Arm genauso arb und an der anderen Seite des Körpers annähen.

Maul

In Weiß 2 Lm anschl und 6 fM in die 2. M von der Nd aus häkeln. Mit 1 Km zur Rd schließen und in Spiral-Rd häkeln.
1. Rd: Jede fM verdoppeln (= 12 fM).
2. Rd: Jede 2. fM verdoppeln (=18 fM).
3. Rd: 18 fM häkeln.
Das Teil beenden, den Faden ca. 10 cm lang abschneiden. Das Maul mit Füllwatte ausstopfen, dann mit dem Faden vorn mittig am Kopf annähen.

Ohr (2x)

In Beige 2 Lm + 1 Wende-Lm anschl, wenden.
1. R: Jeweils 2 fM in die 2 Anfangs-Lm häkeln (= 4 fM), 1 Wende-Lm, wenden.
Weiter in R häkeln, dabei jede R (außer der letzten) mit 1 Wende-Lm beenden, dann die Arbeit wenden.
2. R: Die erste und die letzte fM jeweils verdoppeln (= 6 fM).
3. R: Die ersten und die letzten 2 M jeweils zusammen abmaschen (= 4 fM).
4. -8. R: Jeweils 4 fM häkeln.
Dann das Ohr mit fM umhäkeln. Das Teil beenden, den Faden ca. 10 cm lang abschneiden. Das Ohr seitlich am Kopf annähen.
Das 2. Ohr genauso arb und an der anderen Seite des Kopfes annähen.

Schwanz

In Weiß 2 Lm anschl und 4 fM in die 2. M von der Nd aus häkeln. Mit 1 Km zur Rd schließen und in Spiral-Rd häkeln.
1. Rd: Jede M verdoppeln (= 8 fM).
2. Rd: 8 fM häkeln.
Das Teil Arbeit beenden, den Faden ca. 10 cm lang abschneiden. Den Schwanz mit wenig Füllwatte ausstopfen, dann mit dem Faden am Hinterteil des Hasen festnähen.

Fertigstellen

Mit reißfestem Garn die Perlen als Augen und den Schlüsselring am Kopf annähen. Die Nase in Rosa, Augenbrauen und Mund in Schwarz aufsticken.

Buzzzzzy Biene

So viele Blumen und so wenig Zeit!

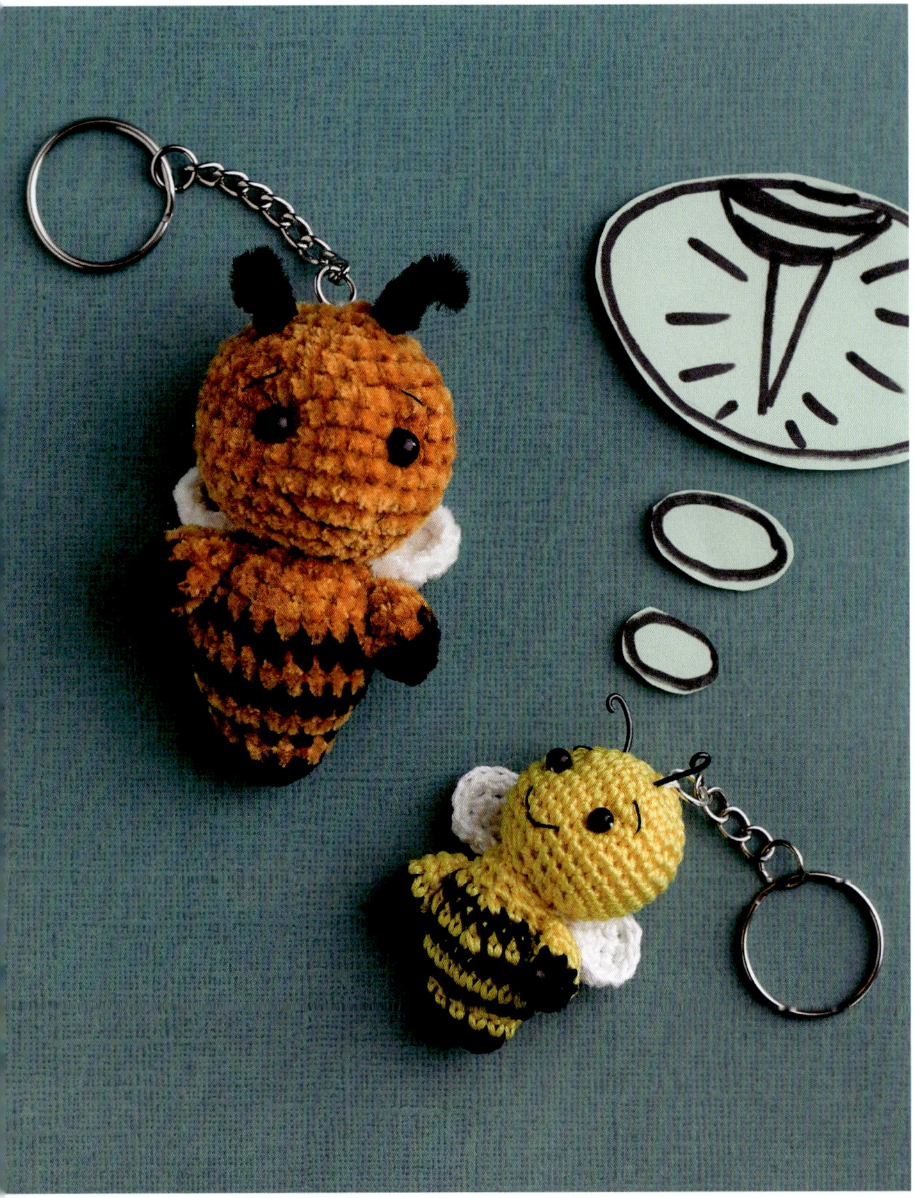

GRÖSSE
Aus Sticktwist: 6 cm/
aus Chenillegarn: 8 cm

MATERIAL
- Füllwatte
- reißfestes Garn, farblich passend
- Wollnadel
- Schlüsselring mit Kette

MODELL AUS STICKTWIST
- Anchor Sticktwist in Gelb (Fb 290), 2 Stränge, in Schwarz (Fb 403), 1 Strang, und in Weiß (Fb 01), ½ Strang
- Häkelnadel 1,25 mm
- 2 Glaswachsperlen in Schwarz, ø 4 mm
- Aludraht in Schwarz, 2x ca. 2 cm lang

MODELL AUS CHENILLEGARN
- Katia Velvet fine (LL 160 m/50 g) in Ockergelb (Fb 221), ca. 10 g, in Schwarz (Fb 211), ca. 5 g, und in Weiß (Fb 200), Rest
- Häkelnadel 1,75 mm
- 2 Holzperlen in Schwarz, ø 6 mm
- Chenilledraht, 2x ca. 2,5 cm lang

Anleitung

Beide Modelle nach der gleichen Anleitung arb. Beim Modell aus Chenillegarn jedoch den Faden am Ende eines Häkelteils immer direkt abschneiden und die Teile mit reißfestem Garn aneinandernähen. Darüber hinaus sind abweichende Farben für das Modell aus Chenillegarn nach dem Schrägstrich angegeben.

Kopf

In Gelb/Ockergelb 2 Lm anschl und 6 fM in die 2. M von der Nd aus häkeln. Mit 1 Km zur Rd schließen und in Spiral-Rd häkeln.
1. Rd: Jede fM verdoppeln (= 12 fM).
2. Rd: Jede 2. fM verdoppeln (= 18 fM).
3. Rd: Jede 3. fM verdoppeln (= 24 fM).
4. Rd: Jede 4. fM verdoppeln (= 30 fM).
5.-9. Rd: Jeweils 30 fM häkeln.
10. Rd: Jede 4. und 5. fM zusammen abmaschen (= 24 fM).
11. Rd: Jede 3. und 4. fM zusammen abmaschen (= 18 fM).
12. Rd: Jede 2. und 3. fM zusammen abmaschen (= 12 fM).
13. Rd: Immer 2 M zusammen abmaschen (= 6 fM).
Das Teil beenden. Den Faden ca. 10 cm lang abschneiden.
Den Kopf mit Füllwatte ausstopfen.
Die Öffnung mit dem Faden schließen.

Beine und Körper

In Schwarz 2 Lm anschl und 6 fM in die 2. M von der Nd aus häkeln.
Mit 1 Km zur Rd schließen und in Spiral-Rd häkeln.
1. Rd: Jede fM verdoppeln (= 12 fM).
2. Rd: 12 fM häkeln.
3. Rd (Gelb/Ockergelb): 12 fM häkeln.

Hinweis: Den Faden der anderen Fb jeweils mitführen.

4. Rd (Schwarz): 12 fM häkeln.
5. Rd (Gelb/Ockergelb): Jede fM verdoppeln (= 24 fM).
6. Rd (Schwarz): 24 fM häkeln.
7. Rd (Gelb/Ockergelb): 24 fM häkeln.
8. Rd (Schwarz): Jede 3. und 4. fM zusammen abmaschen (= 18 fM).
9. Rd (Gelb/Ockergelb): 18 fM häkeln.
10. Rd: Jede 2. und 3. fM zusammen abmaschen (= 12 fM).
11.+12. Rd: Jeweils 12 fM häkeln.
Das Teil beenden. Den Faden ca. 10 cm lang abschneiden. Beine und Körper mit Füllwatte ausstopfen, dann mit dem Faden am Kopf annähen.
Mit reißfestem Garn die Beine abbinden. Dazu mit der Woll-Nd von unten am Beinbeginn ein- und mittig vorne am unteren Bauch ausstechen. Den Faden erst nach unten und dann nach hinten führen, dort mittig in das Hinterteil einstechen und nach vorne zum Bauch hin wieder ausstechen. Den Faden sehr fest anziehen und vernähen.

Arm (2x)

In Schwarz 2 Lm anschl und 4 fM in die 2. M von der Nd aus häkeln.
Mit 1 Km zur Rd schließen und in Spiral-Rd häkeln.
1. Rd: Jede fM verdoppeln (= 8 fM).
2. Rd: 8 fM häkeln.
3.+4. Rd (Gelb/Ockergelb): Jeweils 8 fM häkeln.
Das Teil beenden, den Faden ca. 10 cm lang abschneiden. Den Arm mit wenig Füllwatte ausstopfen, dann mit dem Faden seitlich am Körper annähen.
Den 2. Arm genauso arb und an der anderen Seite des Körpers annähen.

Flügel (2x)

In Gelb/Ockergelb 2 Lm + 1 Wende-Lm anschl, wenden.
1. R: Jeweils 2 fM in die 2 Anfangs-Lm häkeln (= 4 fM), 1 Wende-Lm arb, wenden.
Weiter in R häkeln, dabei jede R (außer der letzten) mit 1 Wende-Lm beenden, dann die Arbeit wenden.
2.+3. R: Jeweils 4 fM häkeln.
4. R: Immer 2 fM zusammen abmaschen (= 2 fM).
Den Flügel mit fM umhäkeln. Das Teil beenden, den Faden ca. 10 cm lang abschneiden. Den Flügel mit dem Faden am Rücken der Biene annähen.
Den 2. Flügel genauso arb und ebenfalls am Rücken annähen.

Fertigstellen

Mit reißfestem Garn die Perlen als Augen und den Schlüsselring am Kopf annähen. Den Mund und die Augenbrauen mit Stickgarn in Schwarz aufsticken. Die beiden Stücke Aludraht/Chenilledraht als Fühler oben in den Kopf stecken und mit etwas Kleber fixieren.

Verflixte Fledermaus!

auch im Funkloch auf Empfang

GRÖSSE

Aus Sticktwist: 6,5 cm/ aus Chenillegarn: 9 cm

MATERIAL

- Füllwatte
- reißfestes Garn, farblich passend
- Wollnadel
- Schlüsselring mit Kette

MODELL AUS STICKGARN

- Anchor Sticktwist in Rehbraun (Fb 889), 2½ Stränge, in Dunkelbraun (Fb 1050) und Schwarz (Fb 403), je ½ Strang
- Häkelnadel 1,25 mm
- 2 Glaswachsperlen in Schwarz, ø 4 mm

MODELL AUS CHENILLEGARN

- Katia Velvet fine (LL 160 m/50 g) in Blassbraun (Fb 219), ca. 12 g, und in Schwarz (Fb 211), Rest
- Anchor Sticktwist in Schwarz (Fb 403), Rest
- Häkelnadel 1,75 mm
- 2 Holzperlen in Schwarz, ø 6 mm

Anleitung

Beide Modelle nach der gleichen Anleitung arb. Beim Modell aus Chenillegarn jedoch den Faden am Ende eines Häkelteils immer direkt abschneiden und die Teile mit reißfestem Garn aneinandernähen. Darüber hinaus sind abweichende Farben für das Modell aus Chenillegarn nach dem Schrägstrich angegeben.

Kopf

In Rehbraun/Blassbraun 2 Lm anschl und 6 fM in die 2. M von der Nd aus häkeln.
Mit 1 Km zur Rd schließen und in Spiral-Rd häkeln.
1. Rd: Jede fM verdoppeln (= 12 fM).
2. Rd: Jede 2. fM verdoppeln (= 18 fM).
3. Rd: Jede 3. fM verdoppeln (= 24 fM).
4. Rd: Jede 4. fM verdoppeln (= 30 fM).
5.-9. Rd: Jeweils 30 fM häkeln.
10. Rd: Jede 4. und 5. fM zusammen abmaschen (= 24 fM).
11. Rd: Jede 3. und 4. fM zusammen abmaschen (= 18 fM).
12. Rd: Jede 2. und 3. fM zusammen abmaschen (= 12 fM).
13. Rd: Immer 2 M zusammen abmaschen (– 6 fM).
Das Teil beenden, den Faden ca. 10 cm lang abschneiden. Den Kopf mit Füllwatte ausstopfen. Die Öffnung mit dem Faden schließen

Beine und Körper

In Rehbraun/Blassbraun 2 Lm anschl und 6 fM in die 2. M von der Nd aus häkeln.
Mit 1 Km zur Rd schließen und in Spiral-Rd häkeln.
1. Rd: Jede fM verdoppeln (= 12 fM).
2.-4. Rd: Jeweils 12 fM häkeln.
5. Rd: Jede fM verdoppeln (= 24 fM).
6.+7. Rd: Jeweils 24 fM häkeln.
8. Rd: Jede 3. und 4. fM zusammen abmaschen (= 18 fM).
9. Rd: 18 fM häkeln.
10. Rd: Jede 2. und 3. fM zusammen abmaschen (= 12 fM).
11.+12. Rd: Jeweils 12 fM häkeln.
Das Teil beenden, den Faden ca. 10 cm lang abschneiden. Beine und Körper mit Füllwatte ausstopfen, dann mit dem Faden am Kopf annähen.
Mit reißfestem Garn die Beine abbinden. Dazu mit der Woll-Nd von unten am Beinbeginn ein- und mittig vorne am unteren Bauch ausstechen. Den Faden erst nach unten und dann nach hinten führen, dort mittig in das Hinterteil einstechen und nach vorne zum Bauch hin wieder ausstechen. Den Faden sehr fest anziehen und vernähen.

Arm (2x)

In Rehbraun/Blassbraun 2 Lm anschl und 4 fM in die 2. M von der Nd aus häkeln.
Mit 1 Km zur Rd schließen und in Spiral-Rd häkeln.
1. Rd: Jede fM verdoppeln (= 8 fM).
2.-4. Rd: Jeweils 8 fM häkeln.
Das Teil beenden, den Faden ca. 10 cm lang abschneiden. Den Arm mit wenig Füllwatte ausstopfen, dann mit dem Faden seitlich am Körper annähen.
Den 2. Arm genauso arb und an der anderen Seite des Körpers annähen.

Schnauze

In Rehbraun/Blassbraun 2 Lm anschl und 5 fM in die 2. M von der Nd aus häkeln. Mit 1 Km zur Rd schließen und in Spiral-Rd häkeln.
1. Rd: Jede fM verdoppeln (= 10 fM).
2. Rd: Jede 2. fM verdoppeln (= 15 fM).
Das Teil beenden, den Faden ca. 10 cm lang abschneiden. Die Schnauze mit Füllwatte ausstopfen, dann mit dem Faden vorn mittig am Kopf annähen.

Ohr (2x)

In Dunkelbraun/Blassbraun 1 Lm + 1 Wende-Lm anschl, wenden.
1. R: 2 fM in die Anfangs-Lm häkeln (= 2 fM), 1 Wende-Lm, wenden.
Weiter in R häkeln, dabei jede R (außer der letzten) mit 1 Wende-Lm beenden, dann die Arbeit wenden.
2. R: 2 fM häkeln.
3. R: Jede fM verdoppeln (= 4 fM).
4. R: Die erste und die letzte fM jeweils verdoppeln (= 6 fM).
5. R: 6 fM häkeln.
Dann das Ohr mit fM umhäkeln. Das Teil beenden, den Faden ca. 10 cm lang abschneiden. Das Ohr am Kopf annähen. Das 2. Ohr genauso arb und an der anderen Seite des Kopfes annähen.

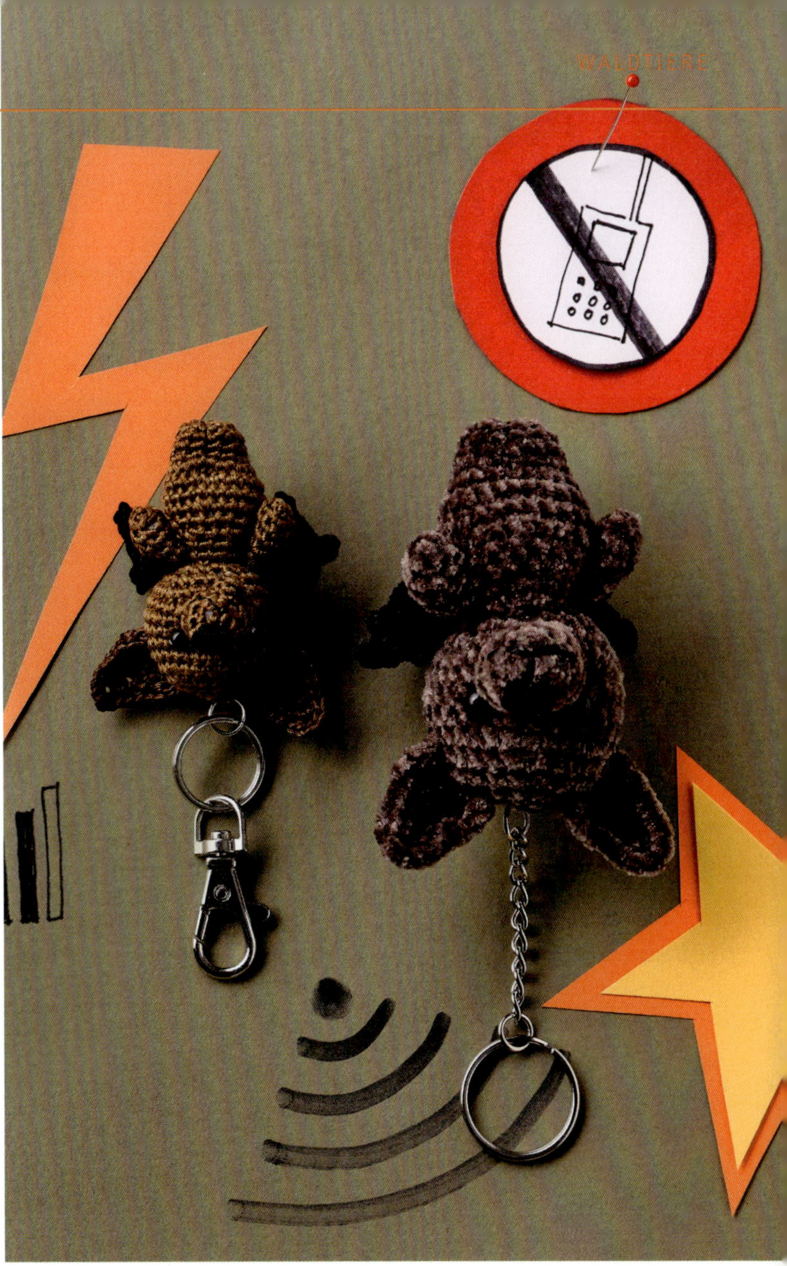

Flügel (2x)

In Schwarz 2 Lm + 1 Wende-Lm anschl, wenden.
1. R: 2 fM in jede der 2 Anfangs-Lm häkeln (= 4 fM), 1 Wende-Lm, wenden.
Weiter in R häkeln, dabei jede R (außer der letzten) mit 1 Wende-Lm beenden, dann die Arbeit wenden.
2. R: Die erste und die letzte fM jeweils verdoppeln (= 6 fM).
3.+4. R: Jeweils 6 fM häkeln.
5. R: 1 Picot (= 3 Lm und 1 Km in die 1. Lm) in die 1. fM, je 1 Km in die folgenden 3 fM, 1 Picot in die nächste fM, 1 Km in die folgende fM und 1 Picot in die letzte fM häkeln.
Das Teil beenden, den Faden ca. 10 cm lang abschneiden. Den Flügel mit dem Faden am Rücken annähen.
Den 2. Flügel genauso arb und an der anderen Seite des Körpers annähen.

Fertigstellen

Mit reißfestem Garn die Perlen als Augen und den Schlüsselring am Kopf annähen. Nase, Mund und Augenbrauen mit Stickgarn in Schwarz aufsticken.

WOLFgang und Pascal

Chillen unterm Vollmond

GRÖSSE
Aus Sticktwist: 6,5 cm/ aus Chenillegarn: 8,5 cm

MATERIAL
- Füllwatte
- Schlüsselring mit Kette
- Wollnadel
- reißfestes Garn, farblich passend

MODELL AUS STICKTWIST
- Anchor Sticktwist in Dunkelgrau (Fb 235), 2½ Stränge, in Schwarz (Fb 403), ½ Strang, in Hellgrau (Fb 234) und Weiß (Fb 01), Reste
- Häkelnadel 1,25 mm
- 2 Glaswachsperlen in Schwarz, ø 4 mm

MODELL AUS CHENILLEGARN
- Katia Velvet fine (LL 160 m/50 g) in Anthrazit (Fb 210), ca. 10 g, in Weiß (Fb 200) und Hellgrau (Fb 208), Reste
- Anchor Sticktwist in Schwarz (Fb 403), Rest
- Häkelnadel 1,75 mm
- 2 Holzperlen in Schwarz, ø 6 mm
- bunte Buchstabenperlen für den gewünschten Namen

Anleitung

Beide Modelle nach der gleichen Anleitung arb. Beim Modell aus Chenillegarn jedoch den Faden am Ende eines Häkelteils immer direkt abschneiden und die Teile mit reißfestem Garn aneinandernähen. Darüber hinaus sind abweichende Farben für das Modell aus Chenillegarn nach dem Schrägstrich angegeben.

Kopf

In Dunkelgrau/Anthrazit 2 Lm anschl und 6 fM in die 2. M von der Nd aus häkeln.
Mit 1 Km zur Rd schließen und in Spiral-Rd häkeln.
1. Rd: Jede fM verdoppeln (= 12 fM).
2. Rd: Jede 2. fM verdoppeln (= 18 fM).
3. Rd: Jede 3. fM verdoppeln (= 24 fM).
4. Rd: Jede 4. fM verdoppeln (= 30 fM).
5.-9. Rd: Jeweils 30 fM häkeln.
10. Rd: Jede 4. und 5. fM zusammen abmaschen (= 24 fM).
11. Rd: Jede 3. und 4. fM zusammen abmaschen (= 18 fM).
12. Rd: Jede 2. und 3. fM zusammen abmaschen (= 12 fM).
13. Rd: Immer 2 fM zusammen abmaschen (= 6 fM).
Das Teil beenden, den Faden ca. 10 cm lang abschneiden. Den Kopf mit Füllwatte ausstopfen. Die Öffnung mit dem Faden schließen.

Beine und Körper

In Dunkelgrau/Anthrazit 2 Lm anschl und 6 fM in die 2. M von der Nd aus häkeln.
Mit 1 Km zur Rd schließen und in Spiral-Rd häkeln.
1. Rd: Jede fM verdoppeln (= 12 fM).
2.-4. Rd: Jeweils 12 fM häkeln.
5. Rd: Jede fM verdoppeln (= 24 fM).
6.+7. Rd: Jeweils 24 fM häkeln.
8. Rd: Jede 3. und 4. fM zusammen abmaschen (= 18 fM).
9. Rd: 18 fM häkeln.
10. Rd: Jede 2. und 3. fM zusammen abmaschen (= 12 fM).
11.+12. Rd: Jeweils 12 fM häkeln.
Das Teil beenden, den Faden ca. 10 cm lang abschneiden. Beine und Körper mit Füllwatte ausstopfen, dann mit dem Faden am Kopf annähen.
Mit reißfestem Garn die Beine abbinden. Dazu mit der Woll-Nd von unten am Beinbeginn ein- und mittig vorne am unteren Bauch ausstechen. Den Faden erst nach unten und dann nach hinten führen, dort mittig in das Hinterteil einstechen und nach vorne zum Bauch hin wieder ausstechen. Den Faden sehr fest anziehen und vernähen.

Arm (2x)

In Dunkelgrau/Anthrazit 2 Lm anschl und 4 fM in die 2. M von der Nd aus häkeln.
Mit 1 Km zur Rd schließen und in Spiral-Rd häkeln.
1. Rd: Jede fM verdoppeln (= 8 fM).
2.-4. Rd: Jeweils 8 fM häkeln.
Das Teil beenden, den Faden ca. 10 cm lang abschneiden. Den Arm mit wenig Füllwatte ausstopfen, dann mit dem Faden seitlich am Körper annähen.
Den 2. Arm genauso arb und an der anderen Seite des Körpers annähen.

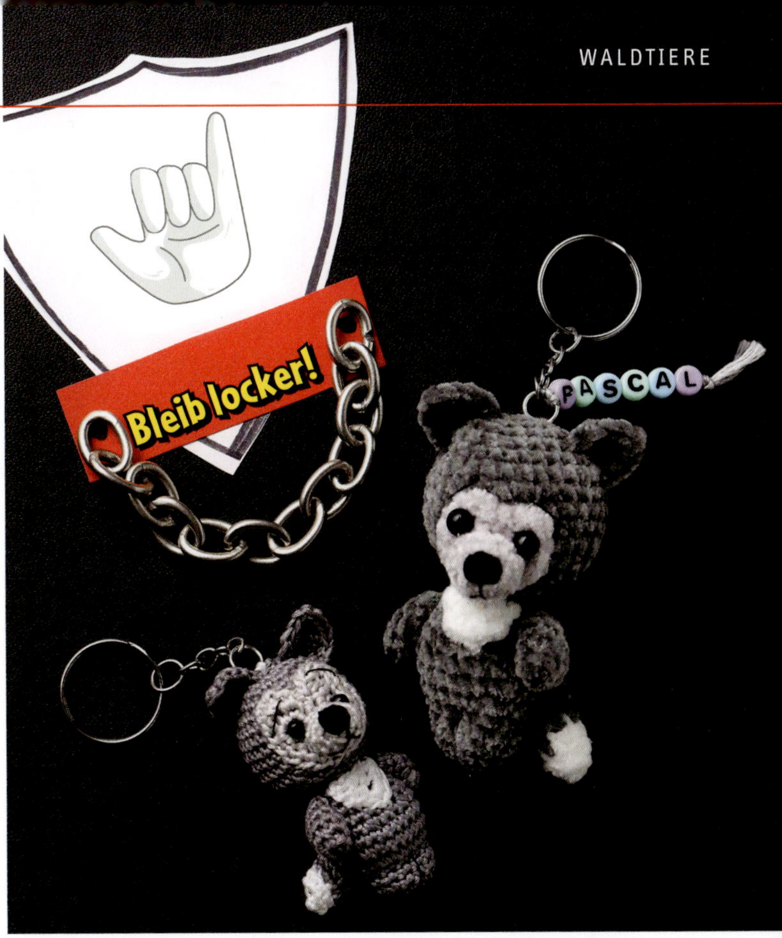

Gesicht

In Hellgrau 4 Lm + 1 Wende-Lm anschl, wenden.

1. R: In die 2. Lm von der Nd aus 2 fM, in die nächsten 2 Lm jeweils 1 fM, in die letzte Lm 2 fM häkeln (= 6 fM), 1 Wende-Lm, wenden.

Weiter in R häkeln, dabei jede R mit 1 Wende-Lm beenden, dann die Arbeit wenden.

2.+3. R: Jeweils 6 fM häkeln.

Dann mit fM umhäkeln. Den Faden ca. 15 cm lang abschneiden. Das Gesicht mit dem Faden vorn am Kopf annähen, dabei zeigt die breite Seite nach unten und die schmale Seite nach oben.

Schnauze

In Hellgrau 2 Lm anschl und 5 fM in die 2. M von der Nd aus häkeln.

Mit 1 Km zur Rd schließen und in Spiral-Rd häkeln.

1. Rd: Jede fM verdoppeln (= 10 fM).

2.+3. Rd: Jeweils 10 fM häkeln.

Das Teil beenden, den Faden ca. 10 cm lang abschneiden. Die Schnauze mit Füllwatte ausstopfen, dann mit dem Faden vorn am Kopf annähen.

Kragen

In Weiß 1 Lm + 1 Wende-Lm anschl, wenden.

1. R: In die Anfangs-Lm 2 fM häkeln (= 2 fM), Wende-Lm, wenden.

2. R: Jede fM verdoppeln (= 4 fM).

Den Kragen mit fM umhäkeln. Das Teil beenden, den Faden ca. 10 cm lang abschneiden. Den Kragen mit dem Faden vorn am Hals annähen.

Ohr (2x)

In Dunkelgrau/Anthrazit 1 Lm + 1 Wende-Lm anschl, wenden.

1. R: In die Anfangs-Lm 2 fM häkeln (= 2 fM), 1 Wende-Lm, wenden.

2. R: Jede fM verdoppeln (= 4 fM), 1 Wende-Lm, wenden.

3. R: 4 fM häkeln.

Das Ohr mit fM umhäkeln. Das Teil beenden, den Faden ca. 10 cm lang abschneiden. Das Ohr mit dem Faden leicht seitlich oben am Kopf annähen. Das 2. Ohr genauso arb und an der anderen Seite des Kopfes annähen.

Schwanz

In Weiß 2 Lm anschl und 4 fM in die 2. M von der Nd aus häkeln.

Mit 1 Km zur Rd schließen und in Spiral-Rd häkeln.

1. Rd: Jede fM verdoppeln (= 8 fM).

2. Rd: 8 fM häkeln.

3. Rd (Dunkelgrau/Anthrazit): Jede 2. fM verdoppeln (= 12 fM).

4.-6. Rd: Jeweils 12 fM häkeln.

7. Rd: Jede 2. und 3. fM zusammen abmaschen.

Das Teil beenden, den Faden ca. 10 cm lang abschneiden. Den Schwanz mit wenige Füllwatte ausstopfen und mit dem Faden am Hinterteil des Wolfs annähen.

Fertigstellen

Mit reißfestem Garn die Perlen als Augen und den Schlüsselring am Kopf annähen. Nase, Augenbrauen und Mund mit Stickgarn in Schwarz aufsticken./Auf ein Reststück Stickgarn die Buchstabenperlen aufziehen und am Schlüsselring befestigen.

Fuchsteufelswild

Rotschopf im Blitzlichtgewitter

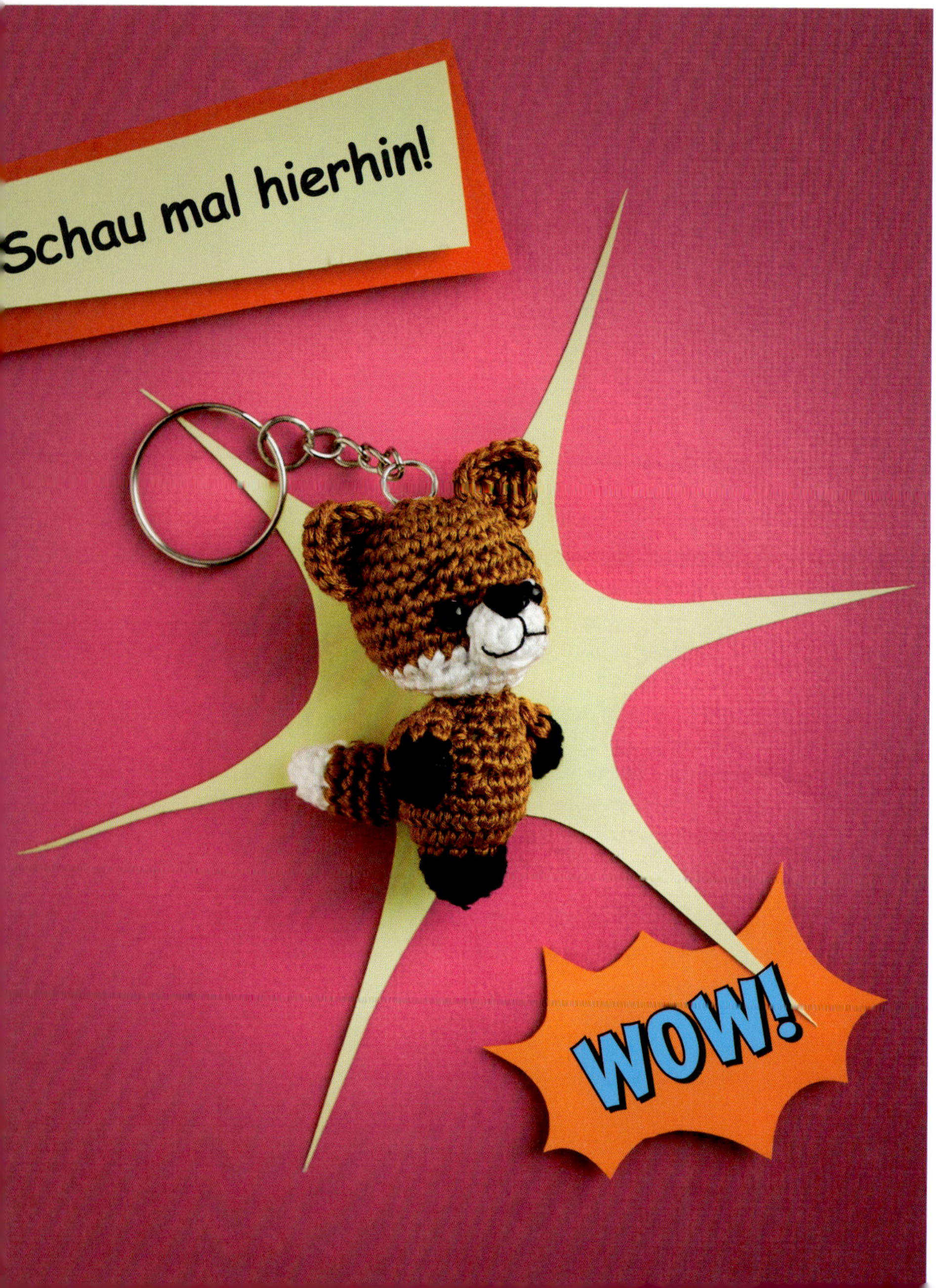

GRÖSSE
6,5 cm

MATERIAL

- Anchor Sticktwist in Braun (Fb 309), 2½ Stränge, in Schwarz (Fb 403) und Weiß (Fb 01), je ½ Strang
- Häkelnadel 1,25 mm
- Füllwatte
- 2 Glaswachsperlen in Schwarz, ø 4 mm
- Wollnadel
- reißfestes Garn, farblich passend
- Schlüsselring mit Kette

Anleitung

Kopf

In Braun 2 Lm anschl und 6 fM in die 2. M von der Nd aus häkeln.
Mit 1 Km zur Rd schließen und in Spiral-Rd häkeln.

1. Rd: Jede fM verdoppeln (= 12 fM).
2. Rd: Jede 2. fM verdoppeln (= 18 fM).
3. Rd: Jede 3. fM verdoppeln (= 24 fM).
4. Rd: Jede 4. fM verdoppeln (= 30 fM).
5.-9. Rd: Jeweils 30 fM häkeln.
10. Rd (Weiß): Jede 4. und 5. fM zusammen abmaschen (= 24 fM).
11. Rd: Jede 3. und 4. fM zusammen abmaschen (= 18 fM).
12. Rd: Jede 2. und 3. fM zusammen abmaschen (= 12 fM).
13. Rd: Immer 2 M zusammen abmaschen (= 6 fM).

Das Teil beenden, den Faden ca. 10 cm lang abschneiden. Den Kopf mit Füllwatte ausstopfen. Die Öffnung mit dem Faden schließen.

Beine und Körper

In Schwarz 2 Lm anschl und 6 fM in die 2. M von der Nd aus häkeln.
Mit 1 Km zur Rd schließen und in Spiral-Rd häkeln.

1. Rd: Jede fM verdoppeln (= 12 fM).
2.+3. Rd: Jeweils 12 fM häkeln.
4. Rd (Braun): 12 fM häkeln.
5. Rd: Jede fM verdoppeln (= 24 fM).
6.+7. Rd: Jeweils 24 fM häkeln.
8. Rd: Jede 3. und 4. fM zusammen abmaschen (= 18 fM).
9. Rd: 18 fM häkeln.
10. Rd: Jede 2. und 3. fM zusammen abmaschen (= 12 fM).
11.+12. Rd: Jeweils 12 fM häkeln.

Das Teil beenden, den Faden ca. 10 cm lang abschneiden. Beine und Körper mit Füllwatte ausstopfen, dann mit dem Faden am Kopf annähen.
Mit reißfestem Garn die Beine abbinden. Dazu mit der Woll-Nd von unten am Beinbeginn ein- und mittig vorne am unteren Bauch ausstechen. Den Faden erst nach unten und dann nach hinten führen, dort mittig in das Hinterteil einstechen und nach vorne zum Bauch hin wieder ausstechen. Den Faden sehr fest anziehen und vernähen.

Arm (2x)

In Schwarz 2 Lm anschl und 4 fM in die 2. M von der Nd aus häkeln. Mit 1 Km zur Rd schließen und in Spiral-Rd häkeln.

1. Rd: Jede fM verdoppeln (= 8 fM).
2. Rd: 8 fM häkeln.
3.+4. Rd (Braun): 8 fM häkeln.

Das Teil beenden, den Faden ca. 10 cm lang abschneiden. Den Arm mit wenig Füllwatte ausstopfen, dann mit dem Faden seitlich am Körper annähen.
Den 2. Arm genauso arb und an der anderen Seite des Körpers annähen.

Schnauze

In Weiß 2 Lm anschl und 5 fM in die 2. M von der Nd aus häkeln. Mit 1 Km zur Rd schließen und in Spiral-Rd häkeln.

1. Rd: Jede fM verdoppeln (= 10 fM).
2. Rd: 10 fM häkeln.

Das Teil beenden, den Faden ca. 10 cm lang abschneiden. Die Schnauze mit Füllwatte ausstopfen, dann mit dem Faden in der unteren Mitte des Kopfes annähen.

Schwanz

In Weiß 2 Lm anschl und 4 fM in die 2. M von der Nd aus häkeln. Mit 1 Km zur Rd schließen und in Spiral-Rd häkeln.

1. Rd: Jede fM verdoppeln (= 8 fM).
2. Rd: 8 fM häkeln.
3. Rd: Jede 2. fM verdoppeln (= 12 fM).
4.+5. Rd (Braun): Jeweils 12 fM häkeln.
6. Rd: Immer 2 fM zusammen abmaschen (= 6 fM).

Das Teil beenden, den Faden ca. 10 cm lang abschneiden. Den Schwanz mit wenig Füllwatte ausstopfen, dann mit dem Faden am Hinterteil des Fuchses annähen.

Ohr (2x)

In Braun 1 Lm + 1 Wende-Lm anschl, wenden.

1. R: 2 fM in die Anfangs-Lm häkeln (= 2 fM), 1 Wende-Lm, wenden.
2. R: Jede fM verdoppeln (= 4 fM), 1 Wende-Lm, wenden.
3. R: Jeweils 4 fM häkeln.

Das Ohr mit fM umhäkeln. Den Faden ca. 10 cm lang abschneiden. Das Ohr mit dem Faden oben am Kopf annähen.
Das 2. Ohr genauso arb und an der anderen Seite des Kopfes annähen.

Fertigstellen

Mit reißfestem Garn die Perlen als Augen und den Schlüsselring am Kopf annähen. Nase, Augenbrauen und Mund in Schwarz aufsticken.

Schmetterlinge im B(a)uch

neue Seiten einer Raupe

GRÖSSE
6,5 cm

MATERIAL

- Anchor Sticktwist in Rosa (Fb 27), 1½ Stränge, in Strohbraun (Fb 361), 1 Strang, in Hellgrün (Fb 253), ½ Strang, in Gelb (Fb 290) und Türkis (Fb 1090), Reste
- Häkelnadel 1,25 mm
- Füllwatte
- 2 Glaswachsperlen in Schwarz, ø 4 mm
- Wollnadel
- reißfestes Garn, farblich passend
- Schlüsselring mit Kette
- bunte Buchstabenperlen für den gewünschten Namen
- Aludraht in Flieder, 2x ca. 1,5 cm lang

Anleitung

Kopf

In Strohbraun 2 Lm anschl und 6 fM in die 2. M von der Nd aus häkeln. Mit 1 Km zur Rd schließen und in Spiral-Rd häkeln.
1. Rd: Jede fM verdoppeln (= 12 fM).
2. Rd: Jede 2. fM verdoppeln (= 18 fM).
3. Rd: Jede 3. fM verdoppeln (= 24 fM).
4. Rd: Jede 4. fM verdoppeln (= 30 fM).
5.-9. Rd: Jeweils 30 fM häkeln.
10. Rd: Jede 4. und 5. fM zusammen abmaschen (= 24 fM).
11. Rd: Jede 3. und 4. fM zusammen abmaschen (= 18 fM).
12. Rd: Jede 2. und 3. fM zusammen abmaschen (= 12 fM).
13. Rd: Immer 2 M zusammen abmaschen (= 6 fM).
Das Teil beenden, den Faden ca. 10 cm lang abschneiden. Den Kopf mit Füllwatte ausstopfen. Die Öffnung mit dem Faden schließen.

Beine und Körper

In Rosa 2 Lm anschl und 6 fM in die 2. M von der Nd aus häkeln. Mit 1 Km zur Rd schließen und in Spiral-Rd häkeln.
1. Rd: Jede fM verdoppeln (= 12 fM).
2.-4. Rd: Jeweils 12 fM häkeln.
5. Rd: Jede fM verdoppeln (= 24 fM).
6.+7. Rd: Jeweils 24 fM häkeln.
8. Rd (Weiß): Jede 3. und 4. fM zusammen abmaschen (= 18 fM).
9. Rd: 18 fM häkeln.
10. Rd: Jede 2. und 3. fM zusammen abmaschen (= 12 fM).
11.+12. Rd: Jeweils 12 fM häkeln.
Das Teil beenden, den Faden ca. 10 cm lang abschneiden. Beine und Körper mit Füllwatte ausstopfen, dann mit dem Faden am Kopf annähen.
Mit reißfestem Garn die Beine abbinden. Dazu mit der Woll-Nd von unten am Beinbeginn ein- und mittig vorne am unteren Bauch ausstechen. Den Faden erst nach unten und dann nach hinten führen, dort mittig in das Hinterteil einstechen und nach vorne zum Bauch hin wieder ausstechen. Den Faden sehr fest anziehen und vernähen.

Arm (2x)

In Rosa 2 Lm anschl und 4 fM in die 2. M von der Nd aus häkeln. Mit 1 Km zur Rd schließen und in Spiral-Rd häkeln.
1. Rd: Jede fM verdoppeln (= 8 fM).
2.-4. Rd: Jeweils 8 fM häkeln.
Das Teil beenden, den Faden ca. 10 cm lang abschneiden. Den Arm mit wenig Füllwatte ausstopfen, dann mit dem Faden seitlich am Körper annähen.
Den 2. Arm genauso arb und an der anderen Seite des Körpers annähen.

Käppchen

In Gelb 2 Lm anschl und 6 fM in die 2. M von der Nd aus häkeln. Mit 1 Km zur Rd schließen und in Spiral-Rd häkeln.
1. Rd: Jede fM verdoppeln (= 12 fM).
2. Rd: Jede 2. fM verdoppeln (= 18 fM).
3. Rd: Jede 3. fM verdoppeln (= 24 fM).
4. Rd: Jede 4. fM verdoppeln (= 30 fM).
5.+6. Rd: Jeweils 30 fM häkeln.
Das Teil beenden, den Faden ca. 10 cm lang abschneiden. Das Käppchen mit dem Faden am hinteren Teil des Oberkopfes annähen.

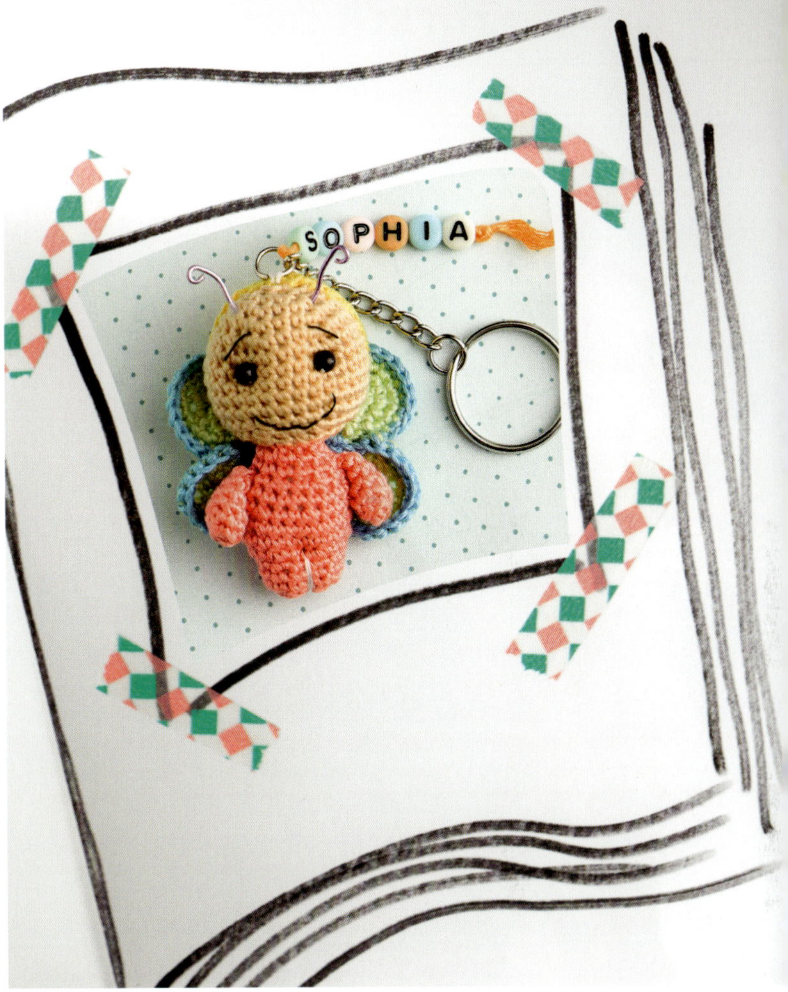

Großer Flügel (2x)

In Hellgrün 3 Lm + 1 Wende-Lm anschl, wenden.

1. R: 2 fM in die 1. Lm, 1 fM in die folgende Lm, 2 fM in die letzte Lm häkeln (= 5 fM), 1 Wende-Lm, wenden.

Weiter in R häkeln, dabei jede R (außer der letzten) mit 1 Wende-Lm beenden, dann die Arbeit wenden.

2. R: Die erste und die letzte fM jeweils verdoppeln (= 7 fM).

3. R: 7 fM häkeln.

4. R: Die ersten und die letzten 2 fM jeweils zusammen abmaschen (= 5 fM).

5. R: 5 fM häkeln.

6. R: Die ersten und die letzten 2 fM jeweils zusammen abmaschen (= 3 fM).

Den Flügel in Türkis mit fM umhäkeln, dann beenden und den Faden ca. 10 cm lang abschneiden.

Einen 2. großen Flügel genauso arb. Beide Teile zunächst beiseitelegen.

Kleiner Flügel (2x)

In Hellgrün 3 Lm + 1 Wende-Lm anschl, wenden.

1. R: 2 fM in die 1. Lm, 1 fM in die folgende Lm, 2 fM in die letzte Lm häkeln (= 5 fM), 1 Wende-Lm, wenden.

Weiter in R häkeln, dabei jede R (außer der letzten) mit 1 Wende-Lm beenden, dann die Arbeit wenden.

2. R: 5 fM häkeln.

3. R: Die ersten und die letzten 2 fM jeweils zusammen abmaschen (= 3 fM).

4. R: 3 fM häkeln.

Den Flügel in Türkis mit fM umhäkeln, dann beenden und den Faden abschneiden und vernähen.

Einen 2. kleinen Flügel genauso arb.

Flügel verbinden

Jeweils einen großen und einen kleinen Flügel mit dem Faden Ecke an Ecke zusammennähen. Dann am Rücken des Schmetterlings annähen.

Fertigstellen

Mit reißfestem Garn die Perlen als Augen und den Schlüsselring am Kopf annähen. Mund und Augenbrauen mit Stickgarn in Schwarz aufsticken.

Die beiden Stücke Aludraht als Fühler oben in den Kopf stecken und mit etwas Kleber fixieren. Auf ein Reststück Stickgarn die Buchstabenperlen aufziehen und am Schlüsselring befestigen.

Hirsch hat Heimweh

Kennt jemand den Weg nach Hause?

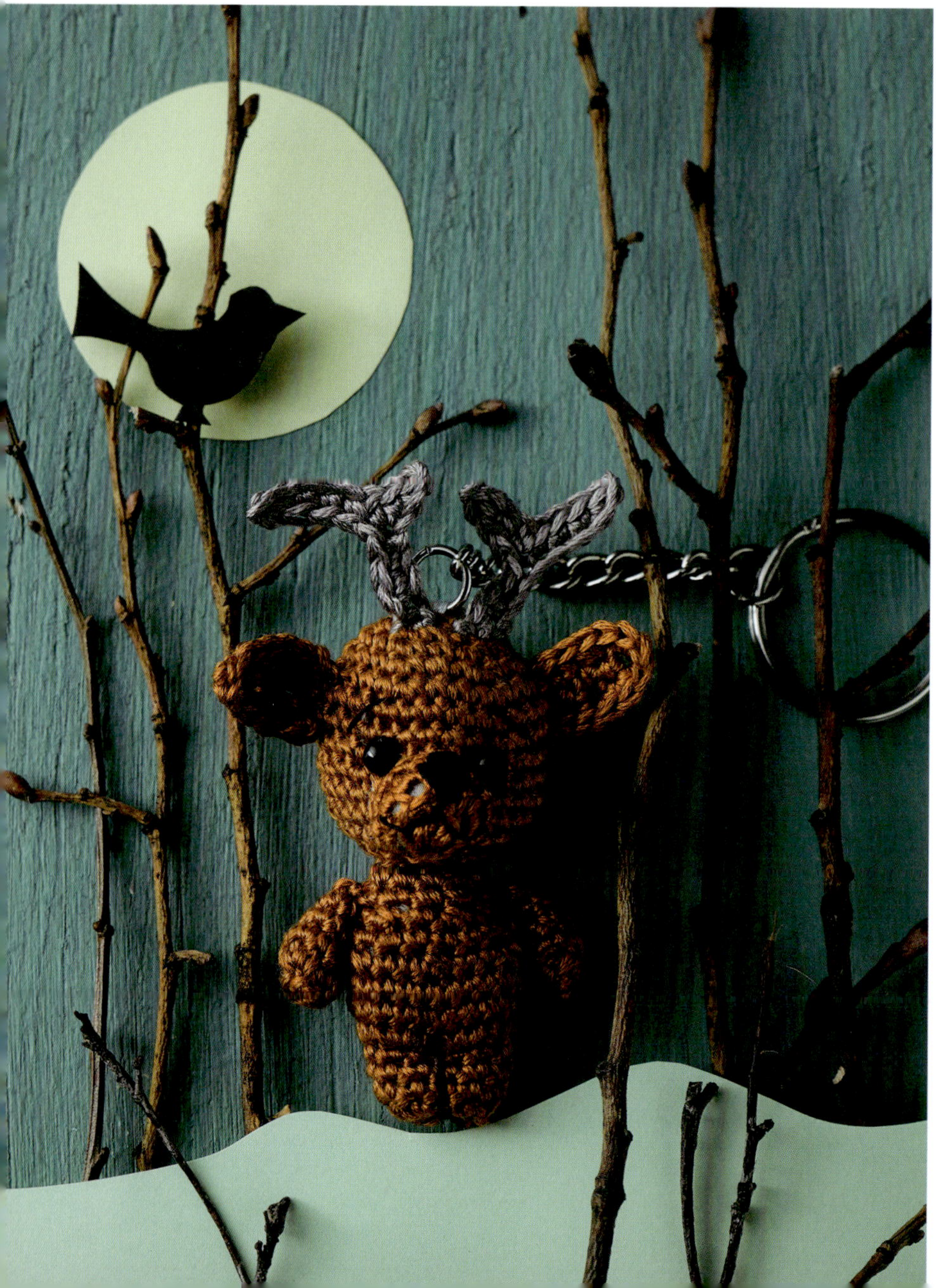

GRÖSSE
7,5 cm

MATERIAL
- Anchor Sticktwist in Braun (Fb 309), 2½ Stränge, in Dunkelgrau (Fb 233) und Schwarz (Fb 403), Reste
- Häkelnadel 1,25 mm
- Füllwatte
- 2 Glaswachsperlen in Schwarz, ø 4 mm
- Wollnadel
- reißfestes Garn, farblich passend
- Schlüsselring mit Kette

Anleitung

Kopf

In Braun 2 Lm anschl und 6 fM in die 2. M von der Nd aus häkeln.
Mit 1 Km zur Rd schließen und in Spiral-Rd häkeln.
1. Rd: Jede fM verdoppeln (= 12 fM).
2. Rd: Jede 2. fM verdoppeln (= 18 fM).
3. Rd: Jede 3. fM verdoppeln (= 24 fM).
4. Rd: Jede 4. fM verdoppeln (= 30 fM).
5.-9. Rd: Jeweils 30 fM häkeln.
10. Rd (Weiß): Jede 4. und 5. fM zusammen abmaschen (= 24 fM).
11. Rd: Jede 3. und 4. fM zusammen abmaschen (= 18 fM).
12. Rd: Jede 2. und 3. fM zusammen abmaschen (= 12 fM).
13. Rd: Immer 2 M zusammen abmaschen (= 6 fM).
Das Teil beenden, den Faden ca. 10 cm lang abschneiden. Den Kopf mit Füllwatte ausstopfen. Die Öffnung mit dem Faden schließen.

Beine und Körper

In Braun 2 Lm anschl und 6 fM in die 2. M von der Nd aus häkeln.
Mit 1 Km zur Rd schließen und in Spiral-Rd häkeln.
1. Rd: Jede fM verdoppeln (= 12 fM).
2.+3. Rd: Jeweils 12 fM häkeln.
4. Rd (Braun): 12 fM häkeln.
5. Rd: Jede fM verdoppeln (= 24 fM).
6.+7. Rd: Jeweils 24 fM häkeln.
8. Rd: Jede 3. und 4. fM zusammen abmaschen (= 18 fM).
9. Rd: 18 fM häkeln.
10. Rd: Jede 2. und 3. fM zusammen abmaschen (= 12 fM).
11.+12. Rd: Jeweils 12 fM häkeln.
Das Teil beenden, den Faden ca. 10 cm lang abschneiden. Beine und Körper mit Füllwatte ausstopfen, dann mit dem Faden am Kopf annähen.
Mit reißfestem Garn die Beine abbinden. Dazu mit der Woll-Nd von unten am Beinbeginn ein- und mittig vorne am unteren Bauch ausstechen. Den Faden erst nach unten und dann nach hinten führen, dort mittig in das Hinterteil einstechen und nach vorne zum Bauch hin wieder ausstechen. Den Faden sehr fest anziehen und vernähen.

Arm (2x)

In Braun 2 Lm anschl und 4 fM in die 2. M von der Nd aus häkeln. Mit 1 Km zur Rd schließen und in Spiral-Rd häkeln.
1. Rd: Jede fM verdoppeln (= 8 fM).
2.-4. Rd: Jeweils 8 fM häkeln.
Das Teil beenden, den Faden ca. 10 cm lang abschneiden. Den Arm mit wenig Füllwatte ausstopfen, dann mit dem Faden seitlich am Körper annähen.
Den 2. Arm genauso arb und an der anderen Seite des Körpers annähen.

Maul

In Braun 2 Lm anschl und 6 fM in die 2. M von der Nd aus häkeln.
Mit 1 Km zur Rd schließen und in Spiral-Rd häkeln.
1. Rd: Jede fM verdoppeln (= 12 fM).
2. Rd: 12 fM häkeln.
Das Teil beenden, den Faden ca. 10 cm lang abschneiden. Das Maul mit Füllwatte ausstopfen, dann mit dem Faden vorn mittig am Kopf annähen.

Ohr (2x)

In Braun 1 Lm + 1 Wende-Lm anschl, wenden.
1. R: 2 fM in die Anfangs-Lm häkeln (=2 fM), 1 Wende-Lm, wenden.
Weiter in R häkeln, dabei jede R (außer der letzten) mit 1 Wende-Lm beenden, dann die Arbeit wenden.
2.-4. R: Jeweils 2 fM häkeln.
Dann das Ohr mit fM umhäkeln. Das Teil beenden, den Faden ca. 10 cm lang abschneiden. Das Ohr seitlich am oberen Kopf annähen.
Das 2. Ohr genauso arb und an der anderen Seite des Kopfes annähen.

Schwanz

Am Hinterteil des Hirsches in Braun neu anschlingen und 2 Lm + 1 Wende-Lm häkeln, wenden und in jede der 2 Anfangs-Lm 1 fM häkeln. Das Teil beenden, den Faden abschneiden und vernähen.

Geweih (2x)

In Dunkelgrau 6 Lm + 1 Wende-Lm anschl, wenden.
1. R: Je 1 fM in die ersten 3 Lm, 1 Km in die folgende Lm, 4 Lm + 1 Wende-Lm häkeln, wenden.
2. R: Je 1 fM in die ersten 4 Lm von der Nd aus, 1 Km in die nächste M, je 1 fM in die folgenden 2 Lm.
Das Teil beenden, den Faden ca. 10 cm lang abschneiden. Das Geweih mit dem Faden oben auf dem Kopf des Hirsches annähen.
Das 2. Geweih genauso arb und ebenfalls auf dem Kopf annähen.

Fertigstellen

Mit reißfestem Garn die Perlen als Augen und den Schlüsselring am Kopf annähen. Nase, Mund und Augenbrauen mit Stickgarn in Schwarz aufsticken.

Küss den Frosch

Vielleicht wird aus Konstantin ein Prinz?

Anleitung

Kopf

In Grün 2 Lm anschl und 6 fM in die 2. M von der Nd aus häkeln. Mit 1 Km zur Rd schließen und in Spiral-Rd häkeln.
1. Rd: Jede fM verdoppeln (= 12 fM).
2. Rd: Jede 2. fM verdoppeln (= 18 fM).
3. Rd: Jede 3. fM verdoppeln (= 24 fM).
4. Rd: Jede 4. fM verdoppeln (= 30 fM).
5.-9. Rd: Jeweils 30 fM häkeln.
10. Rd: Jede 4. und 5. fM zusammen abmaschen (= 24 fM).
11. Rd: Jede 3. und 4. fM zusammen abmaschen (= 18 fM).
12. Rd: Jede 2. und 3. fM zusammen abmaschen (= 12 fM).
13. Rd: Immer 2 M zusammen abmaschen (= 6 fM).
Das Teil beenden, den Faden ca. 10 cm lang abschneiden. Den Kopf gut mit Füllwatte ausstopfen. Die Öffnung mit dem Faden schließen.

Beine und Körper

In Grün 2 Lm anschl und 6 fM in die 2. M von der Nd aus häkeln. Mit 1 Km zur Rd schließen und in Spiral-Rd häkeln.
1. Rd: Jede fM verdoppeln (= 12 fM).
2.-4. Rd: Jeweils 12 fM häkeln.
5. Rd: Jede fM verdoppeln (= 24 fM).
6.+7. Rd: Jeweils 24 fM häkeln.
8. Rd: Jede 3. und 4. fM zusammen abmaschen (= 18 fM).
9. Rd: 18 fM häkeln.
10. Rd: Jede 2. und 3. fM zusammen abmaschen (= 12 fM).
11.+12. Rd: Jeweils 12 fM häkeln.
Das Teil beenden, den Faden ca. 10 cm lang abschneiden. Beine und Körper mit Füllwatte ausstopfen, dann mit dem Faden am Kopf annähen.
Mit reißfestem Garn die Beine abbinden. Dazu mit der Woll-Nd von unten am Beinbeginn ein- und mittig vorne am unteren Bauch ausstechen. Den Faden erst nach unten und dann nach hinten führen, dort mittig in das Hinterteil einstechen und nach vorne zum Bauch hin wieder ausstechen. Den Faden sehr fest anziehen und vernähen.

Arm (2x)

In Grün 2 Lm anschl und 4 fM in die 2. M von der Nd aus häkeln. Mit 1 Km zur Rd schließen und in Spiral-Rd häkeln.
1. Rd: Jede fM verdoppeln (= 8 fM).
2.-4. Rd: Jeweils 8 fM häkeln.
Das Teil beenden, den Faden ca. 10 cm lang abschneiden. Den Arm mit wenig Füllwatte ausstopfen, dann mit dem Faden seitlich am Körper annähen.
Den 2. Arm genauso arb und an der anderen Seite des Körpers annähen.

Augen (2x)

In Grün 2 Lm anschl und 5 fM in die 2. M von der Nd aus häkeln. Mit 1 Km zur Rd schließen und in Spiral-Rd häkeln.
1. Rd: Jede fM verdoppeln (= 10 fM).
2. Rd: 10 fM häkeln.
Das Teil beenden, den Faden ca. 10 cm lang abschneiden. Das Auge flach drücken und mit dem Faden oben am Kopf des Frosches annähen.
Das 2. Auge genauso arb und ebenfalls am Kopf annähen.

Fertigstellen

Mit reißfestem Garn die Perlen als Augen und den Schlüsselring am Kopf annähen. Mund und Augenbrauen mit Stickgarn in Schwarz aufsticken.
Auf ein Reststück Stickgarn die Buchstabenperlen aufziehen und am Schlüsselring befestigen.

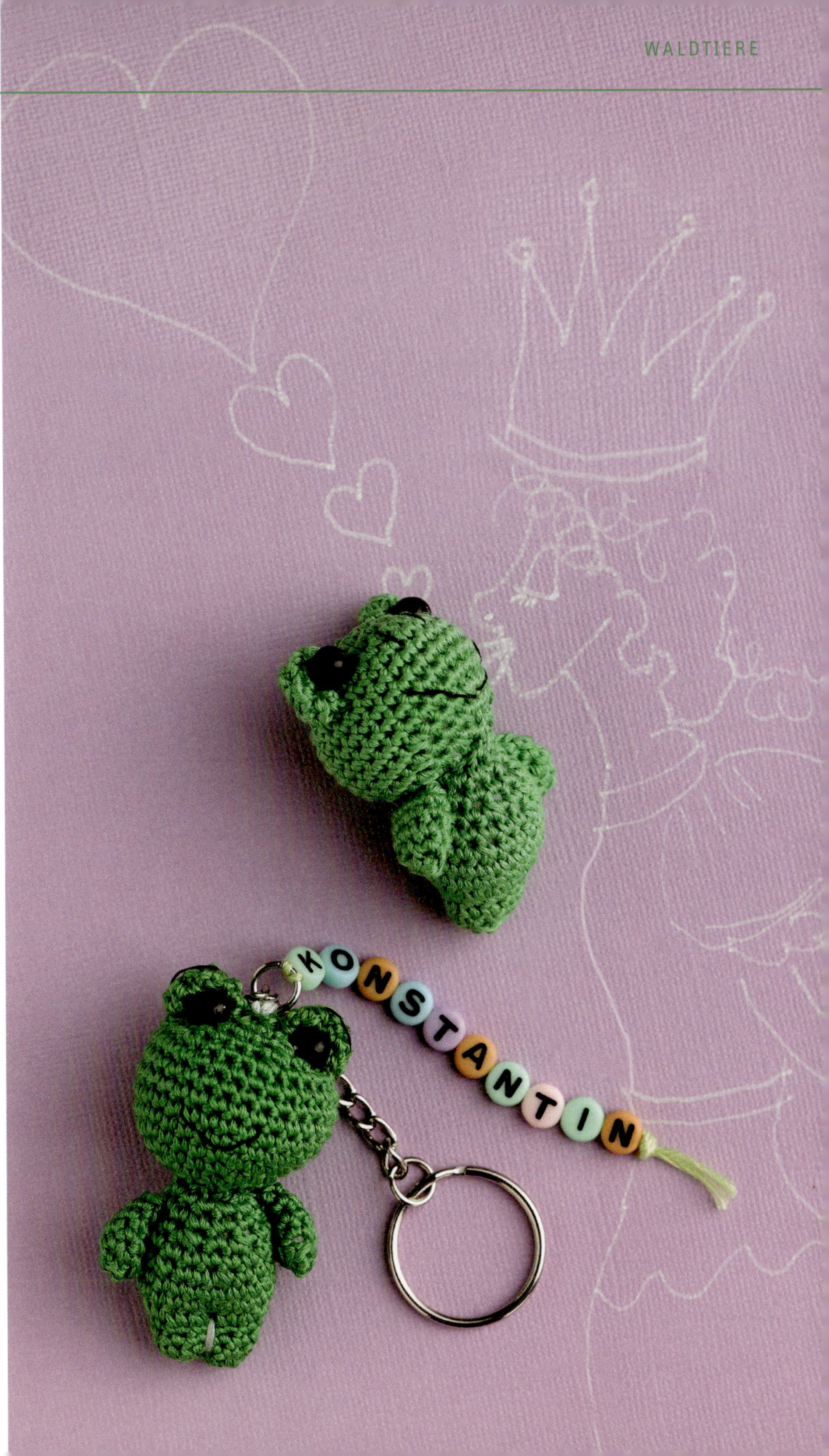

GRÖSSE
6 cm

MATERIAL

- Anchor Sticktwist in Grün (Fb 239), 2 Stränge, und in Schwarz (Fb 403), Rest
- Häkelnadel 1,25 mm
- Füllwatte
- 2 Glaswachsperlen in Schwarz, ø 6 mm
- Wollnadel
- reißfestes Garn, farblich passend
- Schlüsselring mit Kette
- bunte Buchstabenperlen für den gewünschten Namen

That ’70s Skunk

Strubbelige Frisuren sind cool!

GRÖSSE
Aus Sticktwist: 6 cm/
aus Chenillegarn: 8 cm

MATERIAL
- Füllwatte
- Schlüsselring mit Kette
- Wollnadel
- reißfestes Garn, farblich passend

MODELL AUS STICKTWIST
- Anchor Sticktwist in Schwarz (Fb 403), 4 Stränge, und in Weiß (Fb 01), 1 Strang
- Häkelnadel 1,25 mm
- Chenilledraht in Schwarz, ca. 9 cm lang

MODELL AUS CHENILLEGARN
- Katia Velvet fine (LL 160 m/50 g) in Schwarz (Fb 211), ca. 13 g, und in Weiß (Fb 200), Rest
- Anchor Sticktwist in Schwarz (Fb 403), Rest
- Häkelnadel 1,75 mm
- 2 Holzperlen in Schwarz, ø 6 mm
- Chenilledraht in Schwarz, ca. 16 cm lang

Anleitung

Beide Modelle nach der gleichen Anleitung arb. Beim Modell aus Chenillegarn jedoch den Faden am Ende eines Häkelteils immer direkt abschneiden und die Teile mit reißfestem Garn aneinandernähen.

Kopf

In Schwarz 2 Lm anschl und 6 fM in die 2. M von der Nd aus häkeln. Mit 1 Km zur Rd schließen und in Spiral-Rd häkeln.
1. Rd: Jede fM verdoppeln (= 12 fM).
2. Rd: Jede 2. fM verdoppeln (= 18 fM).
3. Rd: Jede 3. fM verdoppeln (= 24 fM).
4. Rd: Jede 4. fM verdoppeln (= 30 fM).
5.-9. Rd: Jeweils 30 fM häkeln.
10. Rd: Jede 4. und 5. fM zusammen abmaschen (= 24 fM).
11. Rd: Jede 3. und 4. fM zusammen abmaschen (= 18 fM).
12. Rd: Jede 2. und 3. fM zusammen abmaschen (= 12 fM).
13. Rd: Immer 2 fM zusammen abmaschen (= 6 fM).
Das Teil beenden, den Faden ca. 10 cm lang abschneiden. Den Kopf mit Füllwatte ausstopfen. Die Öffnung mit dem Faden schließen.

Beine und Körper

In Schwarz 2 Lm anschl und 6 fM in die 2. M von der Nd aus häkeln. Mit 1 Km zur Rd schließen und in Spiral-Rd häkeln.
1. Rd: Jede fM verdoppeln (= 12 fM).
2.+3. Rd: Jeweils 12 fM häkeln.
4. Rd (Braun): 12 fM häkeln.
5. Rd: Jede fM verdoppeln (= 24 fM).
6.+7. Rd: Jeweils 24 fM häkeln.
8. Rd: Jede 3. und 4. fM zusammen abmaschen (= 18 fM).
9. Rd: 18 fM häkeln.
10. Rd: Jede 2. und 3. fM zusammen abmaschen (= 12 fM).
11.+12. Rd: Jeweils 12 fM häkeln.
Das Teil beenden, den Faden ca. 10 cm lang abschneiden. Beine und Körper mit Füllwatte ausstopfen, dann mit dem Faden am Kopf annähen.
Mit reißfestem Garn die Beine abbinden. Dazu mit der Woll-Nd von unten am Beinbeginn ein- und mittig vorne am unteren Bauch ausstechen. Den Faden erst nach unten und dann nach hinten führen, dort mittig in das Hinterteil einstechen und nach vorne zum Bauch hin wieder ausstechen. Den Faden sehr fest anziehen und vernähen.

Arm (2x)

In Schwarz 2 Lm anschl und 4 fM in die 2. M von der Nd aus häkeln. Mit 1 Km zur Rd schließen und in Spiral-Rd häkeln.
1. Rd: Jede fM verdoppeln (= 8 fM).
2.-4. Rd: Jeweils 8 fM häkeln.
Das Teil beenden, den Faden ca. 10 cm lang abschneiden. Den Arm mit wenig Füllwatte ausstopfen, dann mit dem Faden seitlich am Körper annähen.
Den 2. Arm genauso arb und an der anderen Seite des Körpers annähen.

Schnauze

In Schwarz 2 Lm anschl und 5 fM in die 2. M von der Nd aus häkeln. Mit 1 Km zur Rd schließen und in Spiral-Rd häkeln.
1. Rd: Jede fM verdoppeln (= 10 fM).
2. Rd: Jede 2. fM verdoppeln (= 15 M).

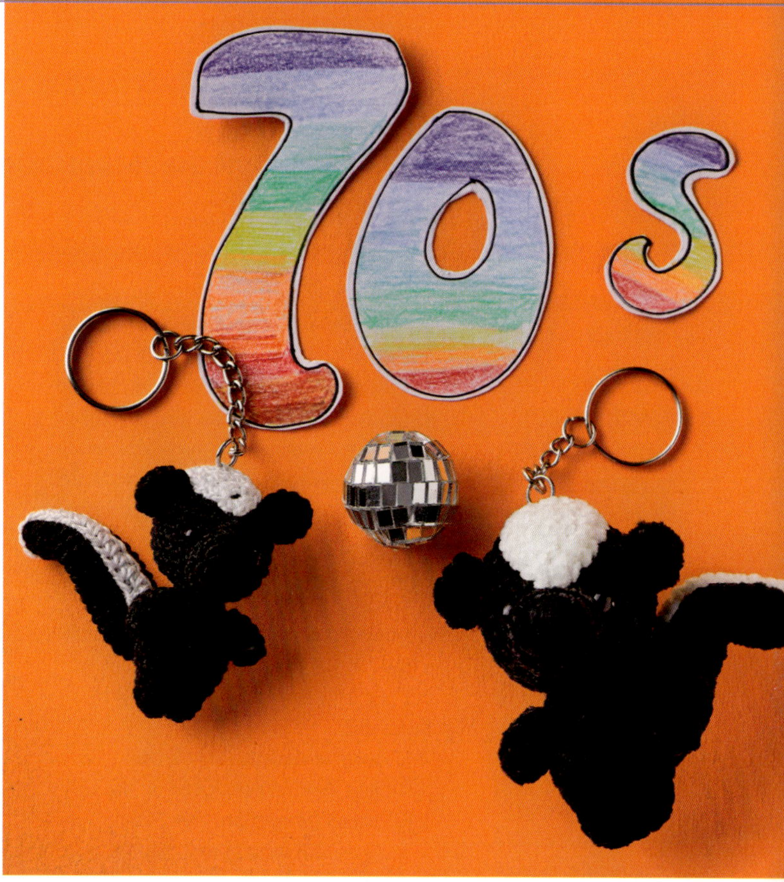

3. Rd: 15 fM häkeln.
Das Teil beenden, den Faden ca. 10 cm lang abschneiden. Die Schnauze mit Füllwatte ausstopfen, dann mit dem Faden vorn am Kopf annähen.

Ohr (2x)

In Schwarz 2 Lm + 1 Wende-Lm anschl, wenden.
1. R: Je 2 fM in die 2 Anfangs-Lm häkeln (= 4 fM), 1 Wende-Lm, wenden.
2. R: Jede fM verdoppeln (= 8 fM), 1 Wende-Lm, wenden.
3. R: 8 fM häkeln.
Das Ohr mit fM umhäkeln. Das Teil beenden, den Faden ca. 10 cm lang abschneiden. Das Ohr mit dem Faden leicht seitlich am Kopf annähen.
Das 2. Ohr genauso arb und an der anderen Seite des Kopfes annähen.

Kopfstreifen

In Weiß zunächst 1 Lm + 1 Wende-Lm anschl, wenden.
1. R: 2 fM in die Anfangs-Lm häkeln (= 2 fM), 1 Wende-Lm, wenden.
2. R: Jede fM verdoppeln (= 4 fM), 1 Wende-Lm, wenden.
3. -7. R: Jeweils 4 fM häkeln, 1 Wende-Lm, wenden.
8. R: Immer 2 fM zusammen abmaschen (= 2 fM), 1 Wende-Lm, wenden.
9. -20. R: Jeweils 2 fm häkeln.
Das Teil beenden, den Faden mit ca. 15 cm Länge abschneiden. Den Streifen mit dem Faden an den Kopf nähen: Er beginnt mittig auf dem Oberkopf und läuft weiter mittig über den Hinterkopf.

Schwanz

In Schwarz 2 Lm anschl und 5 fM in die 2. M von der Nd aus häkeln.
Mit 1 Km zur Rd schließen und in Spiral-Rd häkeln.
1. Rd: Jede fM verdoppeln (= 10 fM).
2. Rd: Jede 2. fM verdoppeln (= 15 fM).
3. -18. Rd: Jeweils 15 fM häkeln.
19. Rd: Jede 2. und 3. fM zusammen abmaschen (= 10 M).
20.+21. Rd: Jeweils 10 fM häkeln.
Das Teil beenden, den Faden ca. 10 cm lang abschneiden. Den Chenilledraht doppelt legen und in den Schwanz einschieben. Den Schwanz mit dem Faden am Hinterteil des Stinktieres annähen.

Schwanzstreifen

In Weiß 20 Lm + 2 Wende-Lm anschl, wenden. Dann 1 hStb in jede der 20 Lm häkeln (= 20 hStb). Das Teil beenden, den Faden mit ca. 15 cm Länge abschneiden. Den Streifen mit dem Faden oben mittig auf den Schwanz nähen.

Fertigstellen

Mit reißfestem Garn die Perlen als Augen und den Schlüsselring am Kopf annähen. Nase, Augenbrauen und Mund in Schwarz aufsticken.

Ein Affen-Theater!

Wer übernimmt die Hauptrolle?

GRÖSSE
Aus Sticktwist: 5,5 cm/ aus Chenillegarn: 7,5 cm

MATERIAL
- Anchor Sticktwist in Schwarz (Fb 403), Rest
- Chenilledraht in Braun, ca. 4 cm lang
- Füllwatte
- Wollnadel
- reißfestes Garn, farblich passend
- Schlüsselring mit Kette

MODELL AUS STICKTWIST
- Anchor Sticktwist in Dunkelbraun (Fb 1050), 3 Stränge, und in Beige (Fb 372), 1 Strang
- Häkelnadel 1,25 mm
- 2 Glaswachsperlen in Schwarz, ø 4 mm
- bunte Buchstabenperlen für den gewünschten Namen

MODELL AUS CHENILLEGARN
- Katia Velvet fine (LL 160 m/50 g) in Braun (Fb 219), ca. 12 g, und in Beige (Fb 201), Rest
- Häkelnadel 1,75 mm
- 2 Holzperlen in Schwarz, ø 6 mm

Anleitung

Beide Modelle nach der gleichen Anleitung arb. Beim Modell aus Chenillegarn jedoch den Faden am Ende eines Häkelteils immer direkt abschneiden und die Teile mit reißfestem Garn aneinandernähen. Darüber hinaus sind abweichende Farben für das Modell aus Chenillegarn nach dem Schrägstrich angegeben.

Kopf

In Dunkelbraun/Braun 2 Lm anschl und 6 fM in die 2. M von der Nd aus häkeln.
Mit 1 Km zur Rd schließen und in Spiral-Rd häkeln.
1. Rd: Jede fM verdoppeln (= 12 fM).
2. Rd: Jede 2. fM verdoppeln (= 18 fM).
3. Rd: Jede 3. fM verdoppeln (= 24 fM).
4. Rd: Jede 4. fM verdoppeln (= 30 fM).
5.-9. Rd: Jeweils 30 fM häkeln.
10. Rd: Jede 4. und 5. fM zusammen abmaschen (= 24 fM).
11. Rd: Jede 3. und 4. fM zusammen abmaschen (= 18 fM).
12. Rd: Jede 2. und 3. fM zusammen abmaschen (= 12 fM).
13. Rd: Immer 2 M zusammen abmaschen (= 6 fM)
Das Teil beenden, den Faden ca. 10 cm lang abschneiden. Den Kopf mit Füllwatte ausstopfen. Die Öffnung mit dem Faden schließen.

Beine und Körper

In Dunkelbraun/Braun 2 Lm anschl und 6 fM in die 2. M von der Nd aus häkeln. Mit 1 Km zur Rd schließen und in Spiral-Rd häkeln.
1. Rd: Jede fM verdoppeln (= 12 fM).
2.-4. Rd: Jeweils 12 fM häkeln.
5. Rd: Jede fM verdoppeln (= 24 fM).
6.+7. Rd: Jeweils 24 fM häkeln.
8. Rd (Weiß): Jede 3. und 4. fM zusammen abmaschen (= 18 fM).
9. Rd: 18 fM häkeln.
10. Rd: Jede 2. und 3. fM zusammen abmaschen (= 12 fM).
11.+12. Rd: Jeweils 12 fM häkeln.
Das Teil beenden, den Faden ca. 10 cm lang abschneiden. Beine und Körper mit Füllwatte ausstopfen, dann mit dem Faden am Kopf annähen.
Mit reißfestem Garn die Beine abbinden. Dazu mit der Woll-Nd von unten am Beinbeginn ein- und mittig vorne am unteren Bauch ausstechen. Den Faden erst nach unten und dann nach hinten führen, dort mittig in das Hinterteil einstechen und nach vorne zum Bauch hin wieder ausstechen. Den Faden sehr fest anziehen und vernähen.

Arm (2x)

In Dunkelbraun/Braun 2 Lm anschl und 4 fM in die 2. M von der Nd aus häkeln. Mit 1 Km zur Rd schließen und in Spiral-Rd häkeln.
1. Rd: Jede fM verdoppeln (= 8 fM).
2.-4. Rd: Jeweils 8 fM häkeln.
Das Teil beenden, den Faden ca. 10 cm lang abschneiden. Den Arm mit wenig Füllwatte ausstopfen, dann mit dem Faden seitlich am Körper annähen.
Den 2. Arm genauso arb und an der anderen Seite des Körpers annähen.

Gesicht

In Beige 2 Lm anschl und 5 fM in die 2. M von der Nd aus häkeln.
Mit 1 Km zur Rd schließen und in Spiral-Rd häkeln.

1. Rd: Jede fM verdoppeln (= 10 fM).
2. Rd: Jede 2. fM verdoppeln (= 15 fM).
3. Rd: Jede 3. fM verdoppeln (= 20 fM).

Das Teil beenden, den Faden ca. 10 cm lang abschneiden. Das Gesicht mit dem Faden vorn mittig an den Kopf nähen.

Maul

In Beige 2 Lm anschl und 6 fM in die 2. M von der Nd aus häkeln.
Mit 1 Km zur Rd schließen und in Spiral-Rd häkeln.

1. Rd: Jede fM verdoppeln (= 12 fM).
2. Rd: Jede 2. fM verdoppeln (=18 fM).
3. Rd: 18 fM häkeln.

Das Teil beenden, den Faden ca. 10 cm lang abschneiden. Das Maul mit Füllwatte ausstopfen, dann mit dem Faden vorn mittig auf das Gesicht nähen.

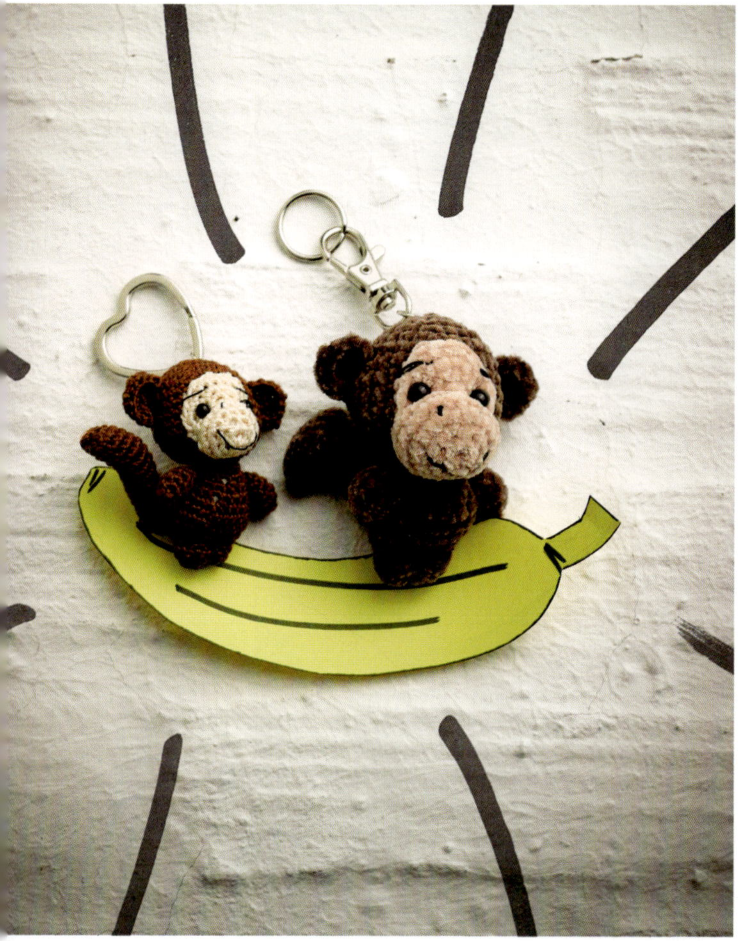

Ohr (2x)

In Dunkelbraun/Braun 2 Lm + 1 Wende-Lm anschl, wenden.

1. R: Je 2 fM in die 2 Anfangs-Lm häkeln (= 4 fM), 1 Wende-Lm, wenden.
2. R: Jede fM verdoppeln (= 8 fM), 1 Wende-Lm, wenden.
3. R: 8 fM häkeln.

Das Ohr mit fM umhäkeln. Das Teil beenden, den Faden ca. 10 cm lang abschneiden. Das Ohr mit dem Faden seitlich am Kopf annähen.
Das 2. Ohr genauso arb und an der anderen Seite des Kopfes annähen.

Schwanz

In Dunkelbraun/Braun 2 Lm anschl und 5 fM in die 2. M von der Nd aus häkeln. Mit 1 Km zur Rd schließen und in Spiral-Rd häkeln.

1. Rd: Jede M verdoppeln (= 10 fM).
2.-16. Rd: Jeweils 10 fM häkeln.

Das Teil beenden, den Faden ca. 10 cm lang abschneiden. Den Chenilledraht in den Schwanz einschieben. Den Schwanz mit dem Faden am Hinterteil des Affen annähen.

Fertigstellen

Mit reißfestem Garn die Perlen als Augen und den Schlüsselring am Kopf annähen. Mund und Augenbrauen mit Stickgarn in Schwarz aufsticken. Auf ein Reststück Stickgarn die Buchstabenperlen aufziehen und am Schlüsselring befestigen.

Schlafende Tiger soll man nicht wecken

Psssst...!

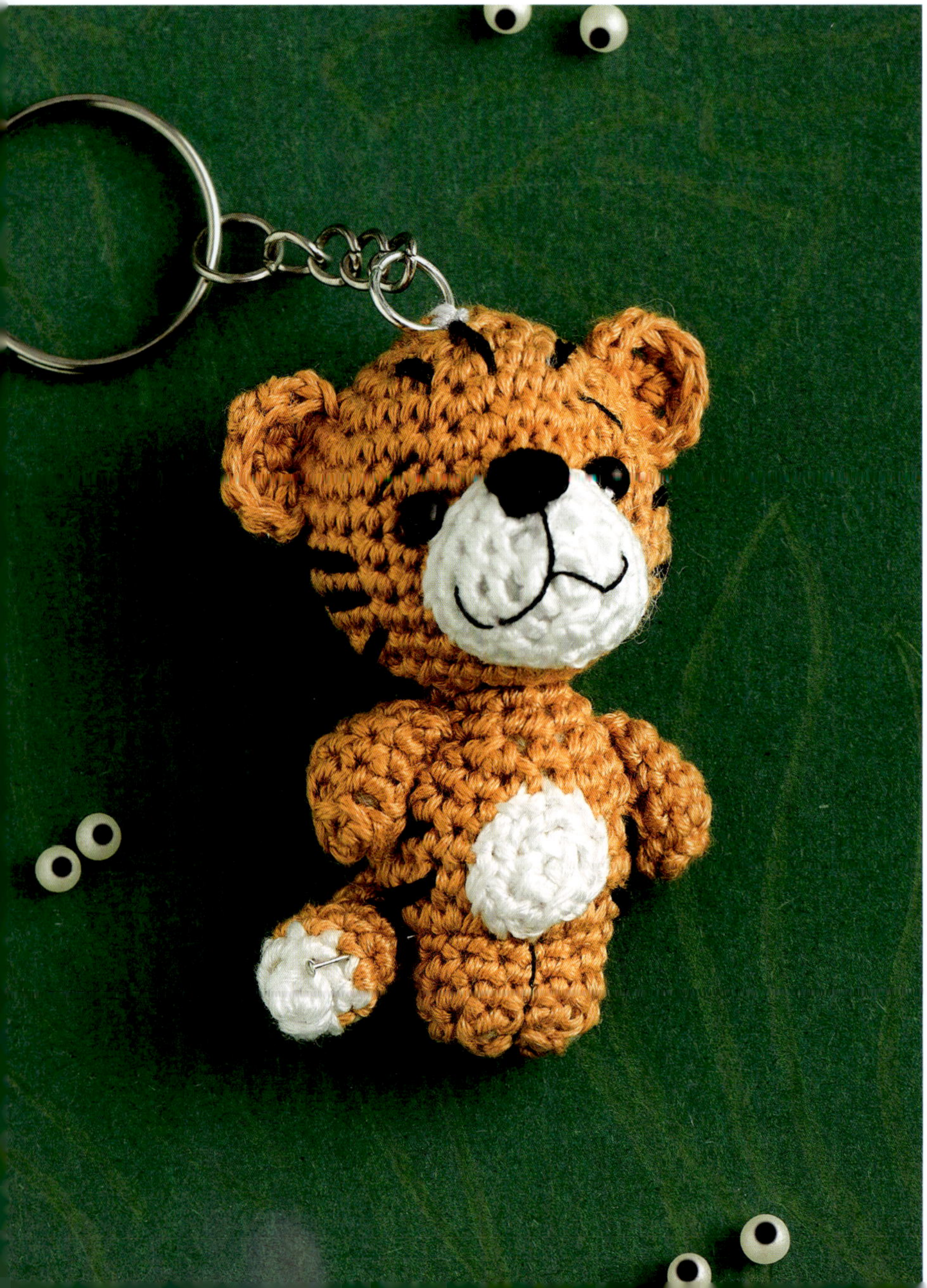

GRÖSSE
6 cm

MATERIAL

- Anchor Sticktwist in Goldgelb (Fb 307), 2½ Stränge, in Weiß (Fb 01), ½ Strang, in Schwarz (Fb 403), Rest
- Häkelnadel 1,25 mm
- Füllwatte
- 2 Glaswachsperlen in Schwarz, ø 4 mm
- Wollnadel
- Schlüsselring mit Kette

Anleitung

Kopf

In Goldgelb 2 Lm anschl und 6 fM in die 2. M von der Nd aus häkeln.
Mit 1 Km zur Rd schließen und in Spiral-Rd häkeln.
1. Rd: Jede fM verdoppeln (= 12 fM).
2. Rd: Jede 2. fM verdoppeln (= 18 fM).
3. Rd: Jede 3. fM verdoppeln (= 24 fM).
4. Rd: Jede 4. fM verdoppeln (= 30 fM).
5.-9. Rd: Jeweils 30 fM häkeln.
10. Rd: Jede 4. und 5. fM zusammen abmaschen (= 24 fM).
11. Rd: Jede 3. und 4. fM zusammen abmaschen (= 18 fM).
12. Rd: Jede 2. und 3. fM zusammen abmaschen (= 12 fM).
13. Rd: Immer 2 fM zusammen abmaschen (= 6 fM).
Das Teil beenden, den Faden ca. 10 cm lang abschneiden. Den Kopf mit Füllwatte ausstopfen. Die Öffnung mit dem Faden schließen.

Beine und Körper

In Weiß 2 Lm anschl und 6 fM in die 2. M von der Nd aus häkeln. Mit 1 Km zur Rd schließen und in Spiral-Rd häkeln.
1. Rd: Jede fM verdoppeln (= 12 fM).
2.-4. Rd: Jeweils 12 fM häkeln.
5. Rd: Jede M verdoppeln (= 24 fM).
6.+7. Rd: Jeweils 24 fM häkeln.
8. Rd: Jede 3. und 4. fM zusammen abmaschen (= 18 fM).
9. Rd: 18 fM häkeln.
10. Rd: Jede 2. und 3. fM zusammen abmaschen (= 12 fM).
11.+12. Rd: Jeweils 12 fM häkeln.
Das Teil beenden, den Faden ca. 10 cm lang abschneiden. Beine und Körper mit Füllwatte ausstopfen, dann mit dem Faden am Kopf annähen.

Mit reißfestem Garn die Beine abbinden. Dazu mit der Woll-Nd von unten am Beinbeginn ein- und mittig vorne am unteren Bauch ausstechen. Den Faden erst nach unten und dann nach hinten führen, dort mittig in das Hinterteil einstechen und nach vorne zum Bauch hin wieder ausstechen. Den Faden sehr fest anziehen und vernähen.

Schnauze

In Weiß 2 Lm anschl und 6 fM in die 2. M von der Nd aus häkeln. Mit 1 Km zur Rd schließen und in Spiral-Rd häkeln.
1. Rd: Jede fM verdoppeln (= 12 fM).
2. Rd: 12 fM häkeln.
Das Teil beenden, den Faden ca. 10 cm lang abschneiden. Die Schnauze mit Füllwatte ausstopfen, dann mit dem Faden vorn mittig am Kopf annähen.

Arm (2x)

In Goldgelb 2 Lm anschl und 4 fM in die 2. M von der Nd aus häkeln. Mit 1 Km zur Rd schließen und in Spiral-Rd häkeln.
1. Rd: Jede fM verdoppeln (= 8 fM).
2.-4. Rd: Jeweils 8 fM häkeln.
Das Teil beenden, den Faden ca. 10 cm lang abschneiden. Den Arm mit wenig Füllwatte ausstopfen, dann mit dem Faden seitlich am Körper annähen.
Den 2. Arm genauso arb und an der anderen Seite des Körpers annähen.

Bauchfleck

In Weiß 2 Lm anschl und 5 fM in die 2. M von der Nd aus häkeln. Mit 1 Km zur Rd schließen und in Spiral-Rd häkeln.
1. Rd: Jede fM verdoppeln (= 10 fM).
Das Teil beenden, den Faden ca. 10 cm lang abschneiden. Den Fleck mit dem Faden mittig auf dem Bauch annähen.

Ohr (2x)

In Goldgelb 2 Lm + 1 Wende-Lm anschl, wenden.
1. R: 2 fM in die 2 Anfangs-Lm häkeln (= 4 fM), 1 Wende-Lm, wenden.
2. R: 4 fM häkeln.
Das Ohr mit fM umhäkeln. Das Teil beenden, den Faden ca. 10 cm lang abschneiden. Das Ohr am Kopf annähen.
Das 2. Ohr genauso arb und an der anderen Seite des Kopfes annähen.

Schwanz

In Weiß 2 Lm anschl und 4 fM in die 2. M von der Nd aus häkeln. Mit 1 Km zur Rd schließen und in Spiral-Rd häkeln.
1. Rd: Jede fM verdoppeln (= 8 fM).
2.-8. Rd (Goldgelb): Jeweils 8 fM häkeln.
Das Teil beenden, den Faden ca. 10 cm lang abschneiden. Den Schwanz mit wenig Füllwatte ausstopfen und mit dem Faden am Hinterteil des Tigers annähen.

Fertigstellen

Mit reißfestem Garn die Perlen als Augen und den Schlüsselring am Kopf annähen. Nase, Tigerstreifen, Mund und Augenbrauen mit Stickgarn in Schwarz aufsticken.

Erdmann & Co. KG

Achtung Bauarbeiten!

GRÖSSE

Aus Sticktwist: 5,5 cm/
aus Chenillegarn: 8,5 cm

MATERIAL

- Füllwatte
- Wollnadel
- reißfestes Garn, farblich passend
- Schlüsselring mit Kette
- Pastellkreide in Dunkelbraun

MODELL AUS STICKTWIST

- Anchor Sticktwist in Beige (Fb 372), 2½ Stränge, und in Weiß (Fb 01), 1 Strang
- Häkelnadel 1,25 mm
- 2 Glaswachsperlen in Schwarz, ø 4 mm

MODELL AUS CHENILLEGARN

- Katia Velvet fine (LL 160 m/50 g) in Beige (Fb 201), ca. 10 g, und in Weiß (Fb 200), Rest
- Anchor Sticktwist in Schwarz (Fb 403), Rest
- Häkelnadel 1,75 mm
- 2 Holzperlen in Schwarz, ø 6 mm

Anleitung

Beide Modelle nach der gleichen Anleitung arb. Beim Modell aus Chenillegarn jedoch den Faden am Ende eines Häkelteils immer direkt abschneiden und die Teile mit reißfestem Garn aneinandernähen.

Kopf

In Beige 2 Lm anschl und 6 fM in die 2. M von der Nd aus häkeln. Mit 1 Km zur Rd schließen und in Spiral-Rd häkeln.
1. Rd: Jede fM verdoppeln (= 12 fM).
2. Rd: Jede 2. fM verdoppeln (= 18 fM).
3. Rd: Jede 3. fM verdoppeln (= 24 fM).
4. Rd: Jede 4. fM verdoppeln (= 30 fM).
5.-9. Rd: Jeweils 30 fM häkeln.
10. Rd: Jede 4. und 5. fM zusammen abmaschen (= 24 fM).
11. Rd: Jede 3. und 4. fM zusammen abmaschen (= 18 fM).
12. Rd: Jede 2. und 3. fM zusammen abmaschen (= 12 fM).
13. Rd: Immer 2 M zusammen abmaschen (= 6 fM).
Das Teil beenden, den Faden ca. 10 cm lang abschneiden. Den Kopf mit Füllwatte ausstopfen. Die Öffnung mit dem Faden schließen.

Beine und Körper

In Beige 2 Lm anschl und 6 fM in die 2. M von der Nd aus häkeln. Mit 1 Km zur Rd schließen und in Spiral-Rd häkeln.
1. Rd: Jede fM verdoppeln (= 12 fM).
2.-4. Rd: Jeweils 12 fM häkeln.
5. Rd: Jede fM verdoppeln (= 24 fM).
6.+7. Rd: Jeweils 24 fM häkeln.
8. Rd (Weiß): Jede 3. und 4. fM zusammen abmaschen (= 18 fM).
9. Rd: 18 fM häkeln.
10. Rd: Jede 2. und 3. fM zusammen abmaschen (= 12 fM).
11.+12. Rd: Jeweils 12 fM häkeln.
Das Teil beenden, den Faden ca. 10 cm lang abschneiden. Beine und Körper mit Füllwatte ausstopfen, dann mit dem Faden am Kopf annähen.
Mit reißfestem Garn die Beine abbinden. Dazu mit der Woll-Nd von unten am Beinbeginn ein- und mittig vorne am unteren Bauch ausstechen. Den Faden erst nach unten und dann nach hinten führen, dort mittig in das Hinterteil einstechen und nach vorne zum Bauch hin wieder ausstechen. Den Faden sehr fest anziehen und vernähen.

Arm (2x)

In Beige 2 Lm anschl und 4 fM in die 2. M von der Nd aus häkeln. Mit 1 Km zur Rd schließen und in Spiral-Rd häkeln.
1. Rd: Jede fM verdoppeln (= 8 fM).
2.-4. Rd: Jeweils 8 fM häkeln.
Das Teil beenden, den Faden ca. 10 cm lang abschneiden. Den Arm mit wenig Füllwatte ausstopfen, dann mit dem Faden seitlich am Körper annähen.
Den 2. Arm genauso arb und an der anderen Seite des Körpers annähen.

Gesicht

In Weiß 2 Lm anschl und 6 fM in die 2. M von der Nd aus häkeln. Mit 1 Km zur Rd schließen und in Spiral-Rd häkeln.
1. Rd: Jede fM verdoppeln (= 12 fM).
2. Rd: Jede 2. fM verdoppeln (= 18 fM).

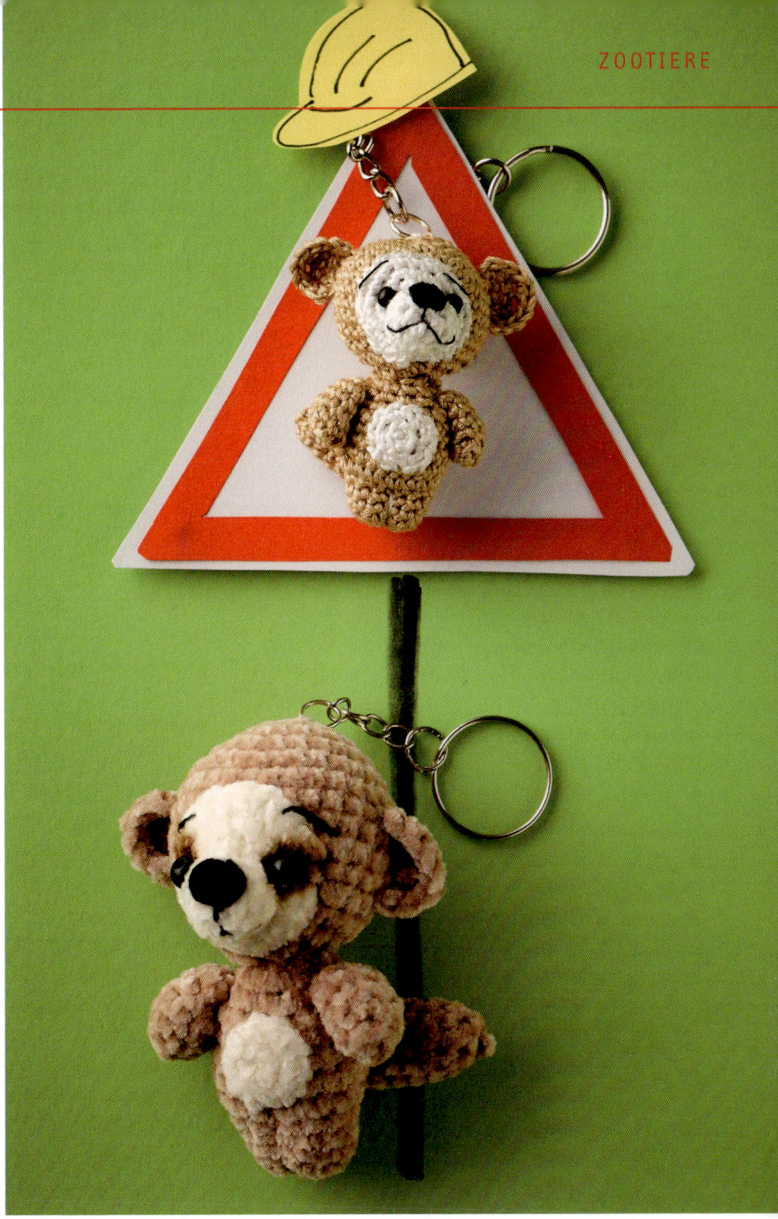

3. Rd: Jede 3. fM verdoppeln (= 24 fM). Das Teil beenden, den Faden ca. 10 cm lang abschneiden. Das Gesicht mit dem Faden vorn mittig an den Kopf nähen.

Schnauze

In Weiß 2 Lm anschl und 6 fM in die 2. M von der Nd aus häkeln. Mit 1 Km zur Rd schließen und in Spiral-Rd häkeln.
1. Rd: Jede fM verdoppeln (= 12 fM).
2.+3. Rd: Jeweils 12 fM häkeln.
Das Teil beenden, den Faden ca. 10 cm lang abschneiden. Die Schnauze mit Füllwatte ausstopfen, dann mit dem Faden vorn mittig auf das Gesicht nähen.

Bauchfleck

In Weiß 2 Lm anschl und 5 fM in die 2. M von der Nd aus häkeln. Mit 1 Km zur Rd schließen und in Spiral-Rd häkeln.
1. Rd: Jede fM verdoppeln (= 10 fM).
Das Teil beenden, den Faden ca. 10 cm lang abschneiden. Den Fleck mit dem Faden mittig auf dem Bauch annähen.

Ohr (2x)

In Beige 2 Lm + 1 Wende-Lm anschl, wenden.
1. R: 2 fM in jede der 2 Anfangs-Lm häkeln (= 4 fM), 1 Wende-Lm, wenden.
2. R: 4 fM häkeln.
Das Ohr mit fM umhäkeln. Das Teil beenden, den Faden ca. 10 cm lang abschneiden. Das Ohr mit dem Faden seitlich am Kopf annähen.
Das 2. Ohr genauso arb und an der anderen Seite des Kopfes annähen.

Schwanz

In Beige 2 Lm anschl und 5 fM in die 2. M von der Nd aus häkeln.
Mit 1 Km zur Rd schließen und in Spiral-Rd häkeln.
1. Rd: Jede M verdoppeln (= 10 fM).
2.-7. Rd: Jeweils 10 fM häkeln.
Das Teil beenden, den Faden ca. 10 cm lang abschneiden. Den Schwanz mit wenig Füllwatte ausstopfen, dann mit dem Faden am Hinterteil des Erdmännchens annähen.

Fertigstellen

Bevor die Perlen als Augen angenäht werden, die Augenpartie zunächst mit dunkelbrauner Pastellkreide färben. Dann mit reißfestem Garn die Perlen als Augen und den Schlüsselring am Kopf annähen. Nase, Mund und Augenbrauen mit Stickgarn in Schwarz aufsticken.

Heute bin ich faul(tier)

Was ich heute kann besorgen, das verschiebe ich auf morgen

Anleitung

Kopf

In Dunkelbraun 2 Lm anschl und 6 fM in die 2. M von der Nd aus häkeln. Mit 1 Km zur Rd schließen und in Spiral-Rd häkeln.

1. Rd: Jede fM verdoppeln (= 12 fM).
2. Rd: Jede 2. fM verdoppeln (= 18 fM).
3. Rd: Jede 3. fM verdoppeln (= 24 fM).
4. Rd: Jede 4. fM verdoppeln (= 30 fM).
5.-9. Rd: Jeweils 30 fM häkeln.
10. Rd: Jede 4. und 5. fM zusammen abmaschen (= 24 fM).
11. Rd: Jede 3. und 4. fM zusammen abmaschen (= 18 fM).
12. Rd: Jede 2. und 3. fM zusammen abmaschen (= 12 fM).
13. Rd: Immer 2 M zusammen abmaschen (= 6 fM).
Das Teil beenden, den Faden ca. 10 cm lang abschneiden. Den Kopf gut mit Füllwatte ausstopfen. Die Öffnung mit dem Faden schließen.

Beine und Körper

In Dunkelbraun 2 Lm anschl und 6 fM in die 2. M von der Nd aus häkeln. Mit 1 Km zur Rd schließen und in Spiral-Rd häkeln.

1. Rd: Jede fM verdoppeln (= 12 fM).
2.-4. Rd: Jeweils 12 fM häkeln.
5. Rd: Jede fM verdoppeln (= 24 fM).
6.+7. Rd: Jeweils 24 fM häkeln.
8. Rd: Jede 3. und 4. fM zusammen abmaschen (= 18 fM).
9. Rd: 18 fM häkeln.
10. Rd: Jede 2. und 3. fM zusammen abmaschen (= 12 fM).
11.+12. Rd: Jeweils 12 fM häkeln.
Das Teil beenden, den Faden ca. 10 cm lang abschneiden. Beine und Körper mit Füllwatte ausstopfen, dann mit dem Faden am Kopf annähen.
Mit reißfestem Garn die Beine abbinden. Dazu mit der Woll-Nd von unten am Beinbeginn ein- und mittig vorne am unteren Bauch ausstechen. Den Faden erst nach unten und dann nach hinten führen, dort mittig in das Hinterteil einstechen und nach vorne zum Bauch hin wieder ausstechen. Den Faden sehr fest anziehen und vernähen.

Arm (2x)

In Dunkelbraun 2 Lm anschl und 4 fM in die 2. M von der Nd aus häkeln. Mit 1 Km zur Rd schließen und in Spiral-Rd häkeln.

1. Rd: Jede fM verdoppeln (= 8 fM).
2.-7. Rd: Jeweils 8 fM häkeln.
Das Teil beenden, den Faden ca. 10 cm lang abschneiden. Den Arm mit wenig Füllwatte ausstopfen, dann mit dem Faden seitlich am Körper annähen.
Den 2. Arm genauso arb und an der anderen Seite des Körpers annähen.

Gesicht

In Beige 2 Lm anschl und 6 fM in die 2. M von der Nd aus häkeln.
Mit 1 Km zur Rd schließen und in Spiral-Rd häkeln.

1. Rd: Jede fM verdoppeln (= 12 fM).
2. Rd: Jede 2. fM verdoppeln (= 18 fM).
3. Rd: Jede 3. fM verdoppeln (= 24 fM).
Das Teil beenden, den Faden ca. 10 cm lang abschneiden. Das Gesicht mit dem Faden vorn mittig an den Kopf nähen.

Augenstreifen (2x)

In Dunkelbraun 5 Lm + 2 Lm (als Ersatz für das 1. hStb) anschl, wenden.

1. R: 3 hStb in die 3. Lm von der Nd aus, je 1 hStb in die nächsten 4 Lm häkeln.
Das Teil beenden, den Faden ca. 10 cm lang abschneiden. Den Augenstreifen seitlich auf das Gesicht nähen.
Den 2. Augenstreifen genauso arb und auf der anderen Seite des Gesichts aufnähen.

Fertigstellen

Mit reißfestem Garn die Perlen als Augen und den Schlüsselring am Kopf annähen. Nase, Mund und Augenbrauen mit Stickgarn in Schwarz aufsticken.

GRÖSSE
5,5 cm

MATERIAL
- Anchor Sticktwist in Dunkelbraun (Fb 1050), 3 Stränge, und in Beige (Fb 327), Rest
- Häkelnadel 1,25 mm
- Füllwatte
- 2 Glaswachsperlen in Schwarz, ø 4 mm
- Wollnadel
- reißfestes Garn, farblich passend
- Schlüsselring mit Kette

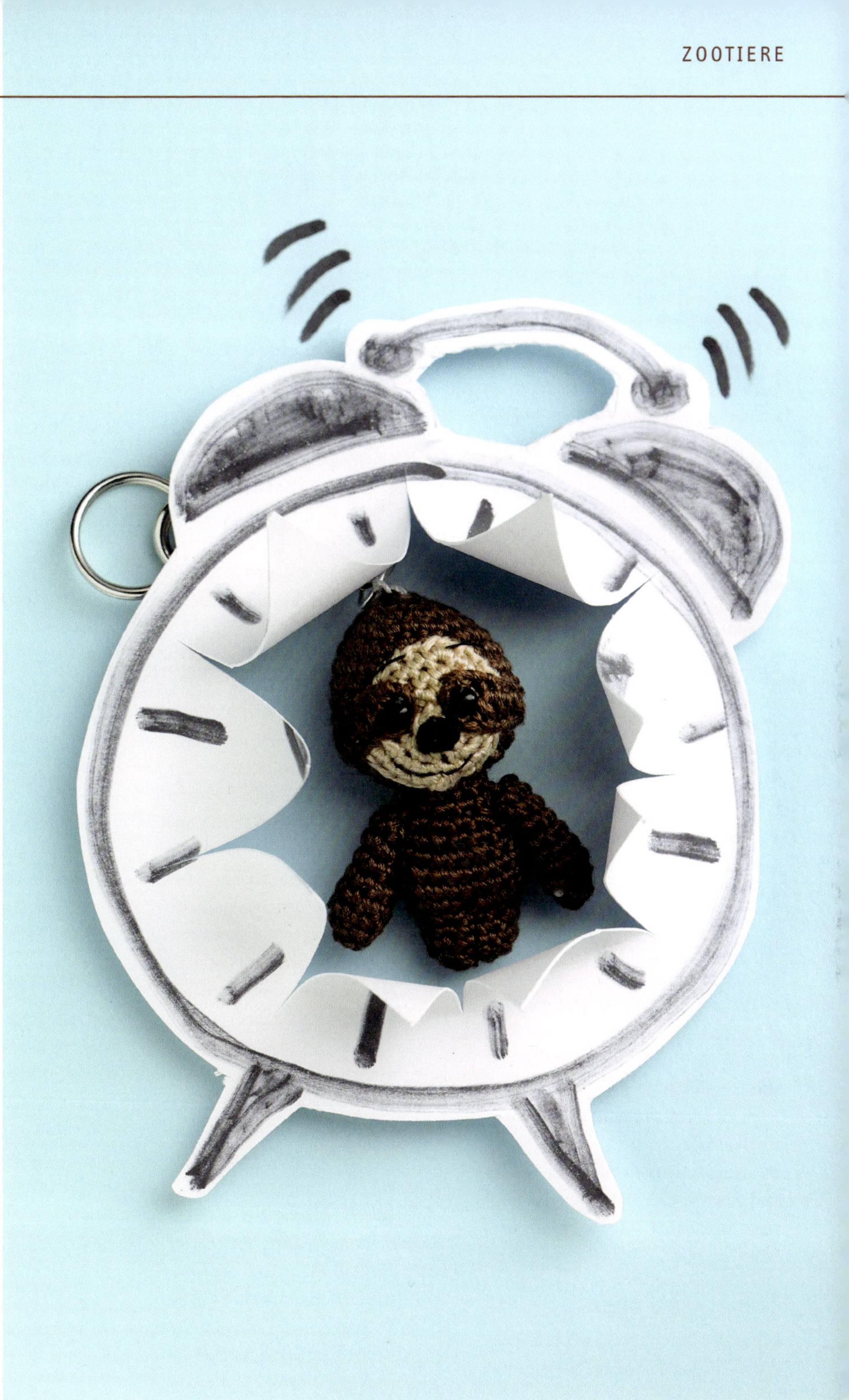

Pretty in Pink

erste Liebe zwischen Bein-Akrobaten

Anleitung

Beide Modelle nach der gleichen Anleitung arb. Beim Modell aus Chenillegarn jedoch den Faden am Ende eines Häkelteils immer direkt abschneiden und die Teile mit reißfestem Garn aneinandernähen. Darüber hinaus sind abweichende Farben für das Modell aus Chenillegarn nach dem Schrägstrich angegeben.

Kopf

In Rosa/Hellrosa 2 Lm anschl und 6 fM in die 2. M von der Nd aus häkeln. Mit 1 Km zur Rd schließen und in Spiral-Rd häkeln.

1. Rd: Jede fM verdoppeln (= 12 fM).
2. Rd: Jede 2. fM verdoppeln (= 18 fM).
3. Rd: Jede 3. fM verdoppeln (= 24 fM).
4. Rd: Jede 4. fM verdoppeln (= 30 fM).
5. -9. Rd: Jeweils 30 fM häkeln.
10. Rd: Jede 4. und 5. fM zusammen abmaschen (= 24 fM).
11. Rd: Jede 3. und 4. fM zusammen abmaschen (= 18 fM).
12. Rd: Jede 2. und 3. fM zusammen abmaschen (= 12 fM).
13. Rd: Immer 2 M zusammen abmaschen (= 6 fM).
Das Teil beenden, den Faden ca. 10 cm lang abschneiden. Den Kopf mit Füllwatte ausstopfen. Die Öffnung mit dem Faden schließen.

Beine und Körper

In Rosa/Hellrosa 2 Lm anschl und 6 fM in die 2. M von der Nd aus häkeln. Mit 1 Km zur Rd schließen und in Spiral-Rd häkeln.

1. Rd: Jede fM verdoppeln (= 12 fM).
2. -4. Rd: Jeweils 12 fM häkeln.
5. Rd: Jede fM verdoppeln (= 24 fM).
6.+7. Rd: Jeweils 24 fM häkeln.
8. Rd: Jede 3. und 4. fM zusammen abmaschen (= 18 fM).
9. Rd: 18 fM häkeln.
10. Rd: Jede 2. und 3. fM zusammen abmaschen (= 12 fM).
11. -16. Rd: Jeweils 12 fM häkeln.
Das Teil beenden, den Faden ca. 10 cm lang abschneiden. Beine und Körper mit Füllwatte ausstopfen, dann mit dem Faden am Kopf annähen.
Mit reißfestem Garn die Beine abbinden. Dazu mit der Woll-Nd von unten am Beinbeginn ein- und mittig vorne am unteren Bauch ausstechen. Den Faden erst nach unten und dann nach hinten führen, dort mittig in das Hinterteil einstechen und nach vorne zum Bauch hin wieder ausstechen. Den Faden sehr fest anziehen und vernähen.

Schnabel

In Schwarz 2 Lm anschl und 4 fM in die 2. M von der Nd aus häkeln.
Mit 1 Km zur Rd schließen und in Spiral-Rd häkeln.

1. Rd: Jede fM verdoppeln (= 8 fM).
2.+3. Rd: Jeweils 8 fM häkeln.
4. Rd (Weiß): 8 fM häkeln.
5. Rd: Jede 2. fM verdoppeln (= 12 M).
Das Teil beenden, den Faden ca. 10 cm lang abschneiden. Den Schnabel mit Füllwatte ausstopfen und mit dem Faden vorn mittig am Kopf annähen.

Flügel (2x)

In Rosa/Hellrosa 1 Lm + 1 Wende-Lm anschl, wenden.

1. R: 2 fM in die Anfangs-Lm häkeln (= 2 fM), 1 Wende-Lm arb, wenden.
Weiter in R häkeln, dabei jede R (außer der letzten) mit 1 Wende-Lm beenden, dann die Arbeit wenden.
2. R: 2 fM häkeln.
3. R: Jede fM verdoppeln (= 4 fM).
4.+5. R: Jeweils 4 fM häkeln.
6. R: Immer 2 fM zusammen abmaschen (= 2 fM).
Den Flügel mit fM umhäkeln. Das Teil beenden, den Faden ca. 10 cm lang abschneiden. Den Flügel mit dem Faden seitlich am Körper annähen.
Den 2. Flügel genauso arb und an der anderen Seite des Körpers annähen.

Fertigstellen

Mit reißfestem Garn die Perlen als Augen und den Schlüsselring am Kopf annähen. Die Augenbrauen mit Stickgarn in Schwarz aufsticken.

GRÖSSE
Aus Sticktwist: 7 cm/
aus Chenillegarn: 9 cm

MATERIAL
- Füllwatte
- Wollnadel
- reißfestes Garn, farblich passend
- Schlüsselring mit Kette

MODELL AUS STICKTWIST
- Anchor Sticktwist in Rosa (Fb 27), 3 Stränge, in Schwarz (Fb 403) und Weiß (Fb 01), Reste
- Häkelnadel 1,25 mm
- 2 Glaswachsperlen in Schwarz, ø 4 mm

MODELL AUS CHENILLEGARN
- Katia Velvet fine (LL 160 m/50 g) in Hellrosa (Fb 207), ca. 12 g, in Weiß (Fb 200) und Schwarz (Fb 211), Reste
- Anchor Sticktwist in Schwarz (Fb 403), Rest
- Häkelnadel 1,75 mm
- 2 Holzperlen in Schwarz, ø 6 mm

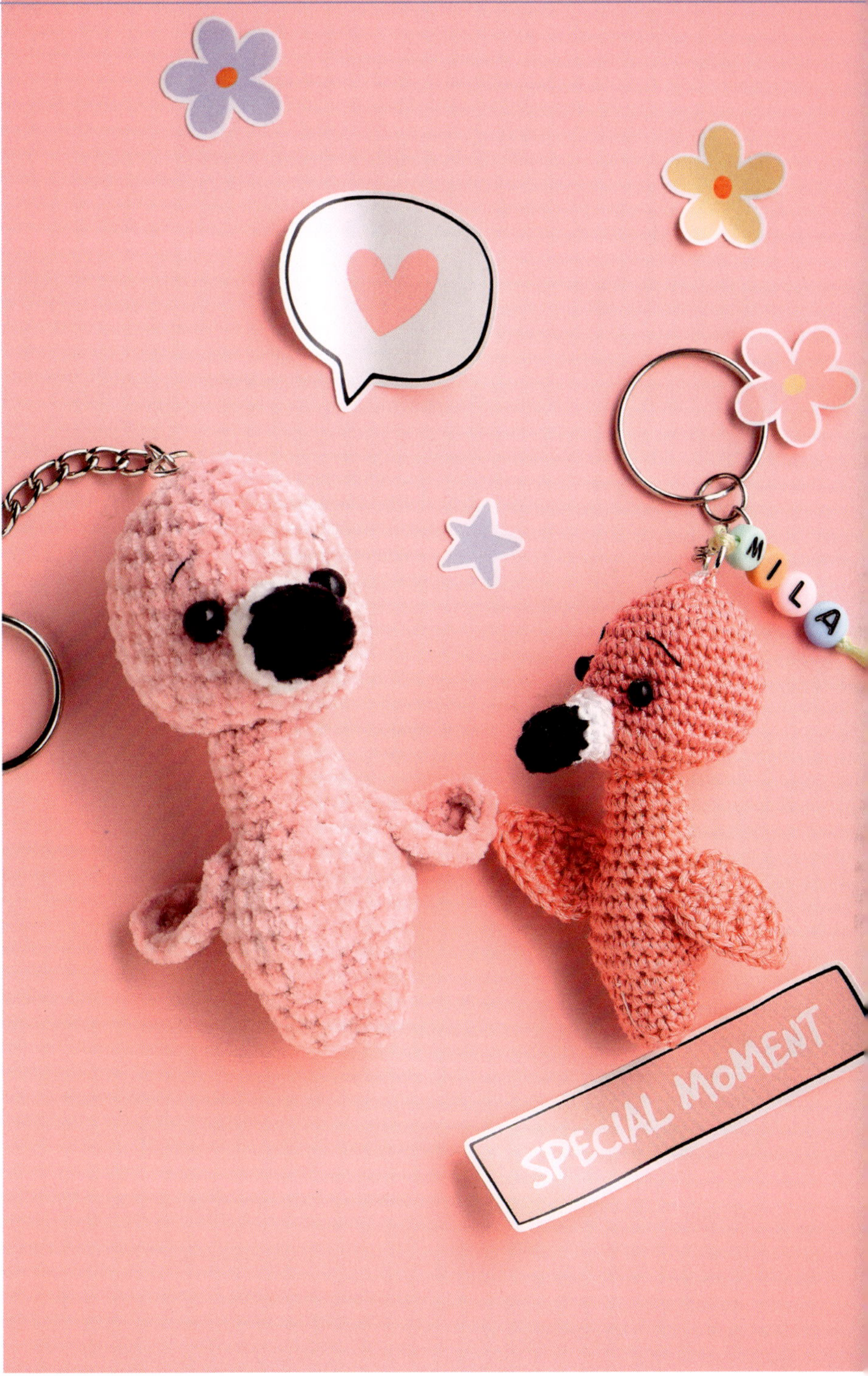

Ein Pferd aus dem Nil

unter Wasser fühle ich mich wohl

Anleitung

Kopf

In Dunkelgrau 2 Lm anschl und 6 fM in die 2. M von der Nd aus häkeln. Mit 1 Km zur Rd schließen und in Spiral-Rd häkeln.

1. Rd: Jede fM verdoppeln (= 12 fM).
2. Rd: Jede 2. fM verdoppeln (= 18 fM).
3. Rd: Jede 3. fM verdoppeln (= 24 fM).
4. Rd: Jede 4. fM verdoppeln (= 30 fM).
5.-9. Rd: Jeweils 30 fM häkeln.
10. Rd: Jede 4. und 5. fM zusammen abmaschen (= 24 fM).
11. Rd: Jede 3. und 4. fM zusammen abmaschen (= 18 fM).
12. Rd: Jede 2. und 3. fM zusammen abmaschen (= 12 fM).
13. Rd: Immer 2 fM zusammen abmaschen (= 6 fM).

Das Teil beenden, den Faden ca. 10 cm lang abschneiden. Den Kopf mit Füllwatte ausstopfen. Die Öffnung mit dem Faden schließen.

Beine und Körper

In Dunkelgrau 2 Lm anschl und 6 fM in die 2. M von der Nd aus häkeln. Mit 1 Km zur Rd schließen und in Spiral-Rd häkeln.

1. Rd: Jede fM verdoppeln (= 12 fM).
2.-4. Rd: Jeweils 12 fM häkeln.
5. Rd: Jede fM verdoppeln (= 24 fM).
6.+7. Rd: Jeweils 24 fM häkeln.
8. Rd (Weiß): Jede 3. und 4. fM zusammen abmaschen (= 18 fM).
9. Rd: 18 fM häkeln.
10. Rd: Jede 2. und 3. fM zusammen abmaschen (= 12 fM).
11.+12. Rd: Jeweils 12 fM häkeln.

Das Teil beenden, den Faden ca. 10 cm lang abschneiden. Beine und Körper mit Füllwatte ausstopfen, dann mit dem Faden am Kopf annähen.
Mit reißfestem Garn die Beine abbinden. Dazu mit der Woll-Nd von unten am Beinbeginn ein- und mittig vorne am unteren Bauch ausstechen. Den Faden erst nach unten und dann nach hinten führen, dort mittig in das Hinterteil einstechen und nach vorne zum Bauch hin wieder ausstechen. Den Faden sehr fest anziehen und vernähen.

Arm (2x)

In Dunkelgrau 2 Lm anschl und 4 fM in die 2. M von der Nd aus häkeln. Mit 1 Km zur Rd schließen und in Spiral-Rd häkeln.

1. Rd: Jede fM verdoppeln (= 8 fM).
2.-4. Rd: Jeweils 8 fM häkeln.

Das Teil beenden, den Faden ca. 10 cm lang abschneiden. Den Arm mit wenig Füllwatte ausstopfen, dann mit dem Faden seitlich am Körper annähen.
Den 2. Arm genauso arb und an der anderen Seite des Körpers annähen.

Maul

In Dunkelgrau 2 Lm anschl und 6 fM in die 2. M von der Nd aus häkeln. Mit 1 Km zur Rd schließen und in Spiral-Rd häkeln.

1. Rd: Jede fM verdoppeln (= 12 fM).
2. Rd: Jede 2. fM verdoppeln (= 18 fM).
3. Rd: 18 fM häkeln.

Das Teil beenden, den Faden ca. 10 cm lang abschneiden. Das Maul mit Füllwatte ausstopfen, dann mit dem Faden vorn mittig am Kopf annähen.

Ohr (2x)

In Dunkelgrau 2 Lm anschl und 4 fM in die 2. M von der Nd aus häkeln. Mit 1 Km zur Rd schließen und in Spiral-Rd häkeln.

1. Rd: Jede fM verdoppeln (= 8 fM).
2. Rd: 8 fM häkeln.

Das Teil beenden, den Faden ca. 10 cm lang abschneiden. Das Ohr zusammendrücken und seitlich oben an den Kopf nähen.
Das 2. Ohr genauso arb und an der anderen Seite des Kopfes annähen.

Fertigstellen

Mit reißfestem Garn die Perlen als Augen und den Schlüsselring am Kopf annähen. Als Schwanz ein ca. 3 cm langes Stück Stickgarn in Dunkelgrau einknüpfen und das Ende verknoten. Nasenlöcher und Augenbrauen mit Stickgarn in Schwarz aufsticken.

GRÖSSE
6 cm

MATERIAL

- Anchor Sticktwist in Dunkelgrau (Fb 233), 3 Stränge, in Schwarz (Fb 403) Rest
- Häkelnadel 1,25 mm
- Füllwatte
- 2 Glaswachsperlen in Schwarz, ø 4 mm
- Wollnadel
- reißfestes Garn, farblich passend
- Schlüsselring mit Kette

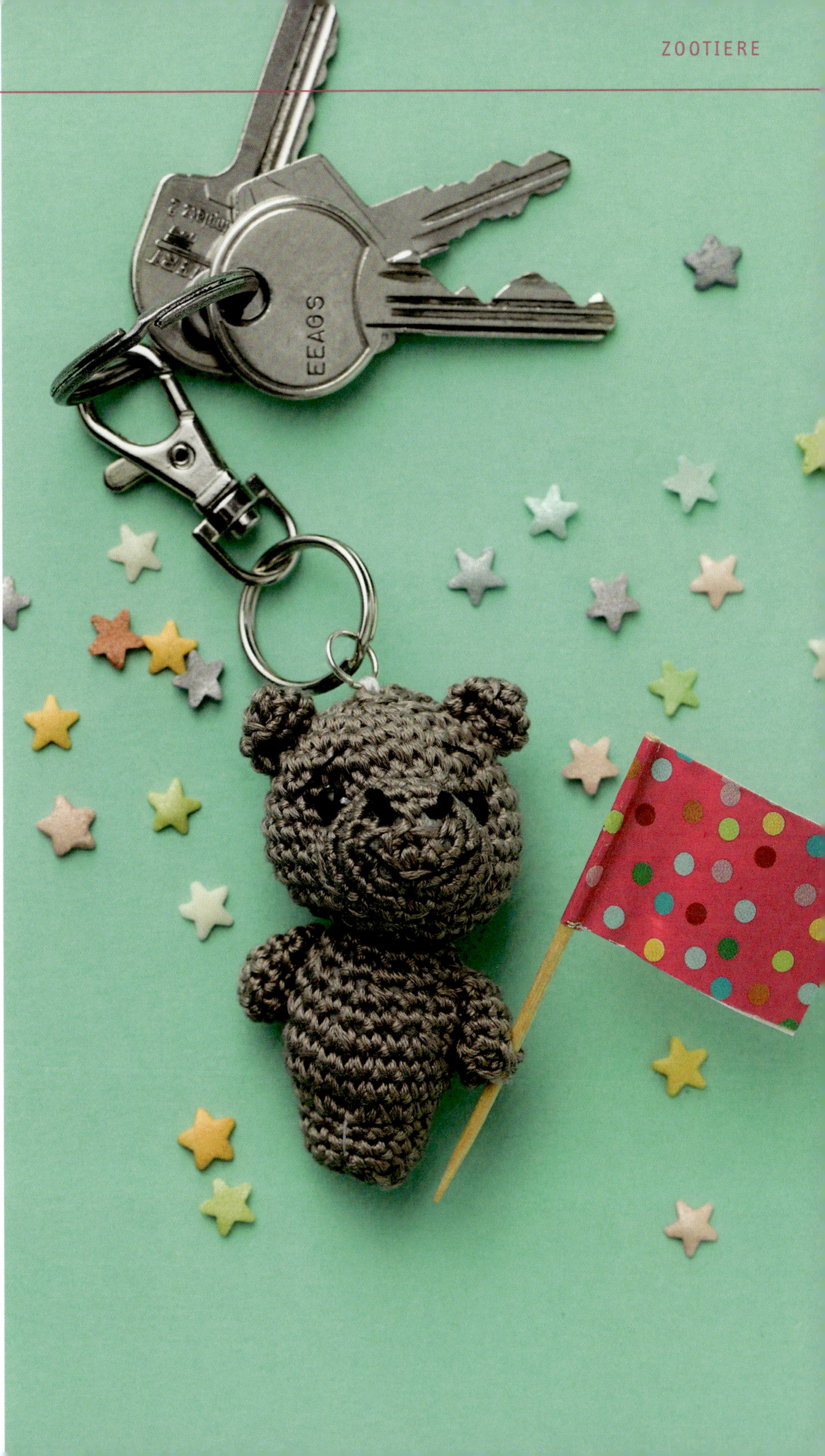

Plitsch, platsch, Party-Pinguin

Wer feiert mit?

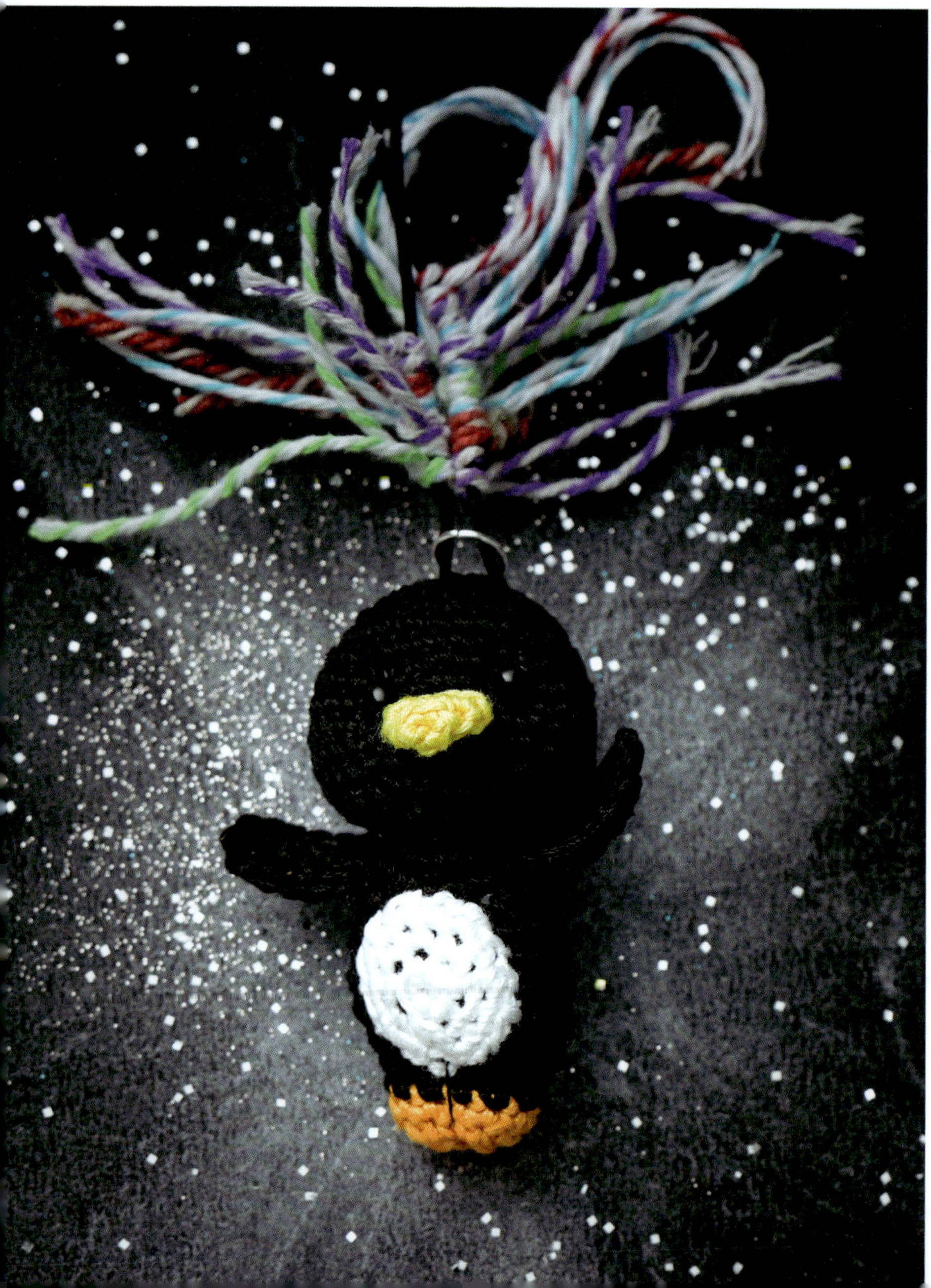

GRÖSSE
6 cm

MATERIAL

- Anchor Sticktwist in Schwarz (Fb 403), 3 Stränge, in Orange (Fb 303), Gelb (Fb 290) und Weiß (Fb 01), Reste
- Häkelnadel 1,25 mm
- Füllwatte
- 2 Glaswachsperlen in Schwarz, ø 4 mm
- Wollnadel
- reißfestes Garn, farblich passend
- Schlüsselring mit Kette

Anleitung

Kopf

In Schwarz 2 Lm anschl und 6 fM in die 2. M von der Nd aus häkeln.
Mit 1 Km zur Rd schließen und in Spiral-Rd häkeln.
1. Rd: Jede fM verdoppeln (= 12 fM).
2. Rd: Jede 2. fM verdoppeln (= 18 fM).
3. Rd: Jede 3. fM verdoppeln (= 24 fM).
4. Rd: Jede 4. fM verdoppeln (= 30 fM).
5.-9. Rd: Jeweils 30 fM häkeln.
10. Rd: Jede 4. und 5. fM zusammen abmaschen (= 24 fM).
11. Rd: Jede 3. und 4. fM zusammen abmaschen (= 18 fM).
12. Rd: Jede 2. und 3. fM zusammen abmaschen (= 12 fM).
13. Rd: Immer 2 fM zusammen abmaschen (= 6 fM).
Das Teil beenden, den Faden ca. 10 cm lang abschneiden. Den Kopf mit Füllwatte ausstopfen. Die Öffnung mit dem Faden schließen.

Beine und Körper

In Orange 2 Lm anschl und 6 fM in die 2. M von der Nd aus häkeln.
Mit 1 Km zur Rd schließen und in Spiral-Rd häkeln.
1. Rd: Jede fM verdoppeln (= 12 fM).
2. Rd: 12 fM häkeln.
3.+4. Rd (Schwarz): Jeweils 12 fM häkeln.
5. Rd: Jede fM verdoppeln (= 24 fM).
6.+7. Rd: Jeweils 24 fM häkeln.
8. Rd: Jede 3. und 4. fM zusammen abmaschen (= 18 fM).
9. Rd: 18 fM häkeln.
10. Rd: Jede 2. und 3. fM zusammen abmaschen (= 12 fM).
11.+12. Rd: Jeweils 12 fM häkeln.
Das Teil beenden, den Faden ca. 10 cm lang abschneiden. Beine und Körper mit Füllwatte ausstopfen, dann mit dem Faden am Kopf annähen.
Mit reißfestem Garn die Beine abbinden. Dazu mit der Woll-Nd von unten am Beinbeginn ein- und mittig vorne am unteren Bauch ausstechen. Den Faden erst nach unten und dann nach hinten führen, dort mittig in das Hinterteil einstechen und nach vorne zum Bauch hin wieder ausstechen. Den Faden sehr fest anziehen und vernähen.

Schnabel

In Gelb 2 Lm anschl und 5 fM in die 2. M von der Nd aus häkeln. Mit 1 Km zur Rd schließen und in Spiral-Rd häkeln.
1. Rd: Jede fM verdoppeln (= 10 fM).
Das Teil beenden, den Faden ca. 10 cm lang abschneiden. Den Schnabel flach drücken und mit dem Faden vorn mittig am Kopf annähen.

Bauchfleck

In Weiß 2 Lm anschl und 6 fM in die 2. M von der Nd aus häkeln. Mit 1 Km zur Rd schließen und in Spiral-Rd häkeln.
1. Rd: Jede fM verdoppeln (= 12 fM).
2. Rd: Jede 2. fM verdoppeln (= 18 fM).
Das Teil beenden, den Faden ca. 10 cm lang abschneiden. Den Fleck mit dem Faden mittig auf den Bauch nähen.

Schwanz

In Schwarz 2 Lm + 1 Wende-Lm anschl, wenden.
1. R: In jede der 2 Anfangs-Lm 2 fM häkeln (= 4 fM), 1 Wende-Lm, wenden.
2. R: 4 fM häkeln.
Den Schwanz mit fM umhäkeln. Das Teil beenden, den Faden ca. 10 cm lang abschneiden. Den Schwanz mit dem Faden am Hinterteil des Pinguins annähen.

Flügel (2x)

In Schwarz 1 Lm + 1 Wende-Lm anschl, wenden.
1. R: 2 fM in die Anfangs-Lm häkeln (= 2 fM), 1 Wende-Lm arb, wenden.
Weiter in R häkeln, dabei jede R (außer der letzten) mit 1 Wende-Lm beenden, dann die Arbeit wenden.
2. R: Die 2 fM der Vor-R verdoppeln (= 4 fM).
3.+4. R: 4 fM häkeln.
5. R: Immer 2 fM zusammen abmaschen (= 2 fM)
Den Flügel mit fM umhäkeln. Das Teil beenden, den Faden ca. 10 cm lang abschneiden. Den Flügel mit dem Faden seitlich am Körper annähen.
Den 2. Flügel genauso arb und an der anderen Seite des Körpers annähen.

Fertigstellen

Mit reißfestem Garn die Perlen als Augen und den Schlüsselring am Kopf annähen. Die Augenbrauen mit Stickgarn in Schwarz aufsticken.

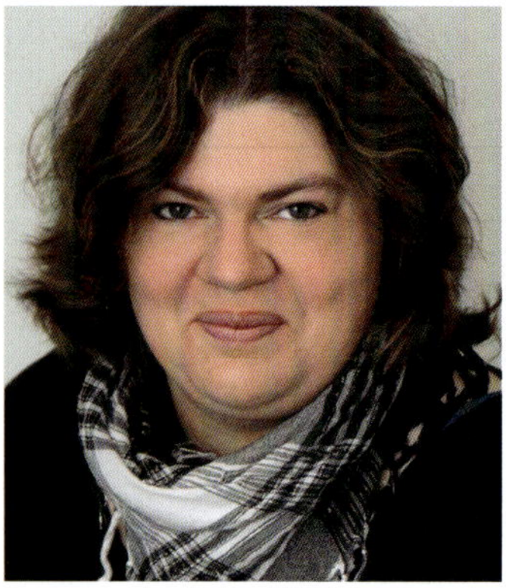

Esther Konrad, Jahrgang 1974, tobt sich gerne kreativ aus und ist dabei dem Häkeln verfallen. Vor allem gehäkelte „Kleinigkeiten" haben es ihr angetan, wobei sie sich gerne von der Natur und ihren Haustieren inspirieren lässt. Sie lebt mit ihrer Familie in Karlsruhe.

DANKE!

Wir danken den folgenden Firmen für die freundliche Unterstützung bei diesem Buch:
MEZ GmbH, Kenzingen
www.mezcrafts.com
FIL KATIA, S.A.
www.katia.com

TOPP – Unsere Servicegarantie

WIR SIND FÜR SIE DA! Bei Fragen zu unserem umfangreichen Programm oder Anregungen freuen wir uns über Ihren Anruf oder Ihre Post. Loben Sie uns, aber scheuen Sie sich auch nicht, Ihre Kritik mitzuteilen – sie hilft uns, ständig besser zu werden.

Bei Fragen zu einzelnen Materialien oder Techniken wenden Sie sich bitte an unseren Kreativservice, Frau Erika Noll.
mail@kreativ-service.info
Telefon 07 11/12 37 57 20

Das Produktmanagement erreichen Sie unter:
pm@frechverlag.de
oder:
frechverlag
Produktmanagement
Dieselstraße 5
70839 Gerlingen
Telefon 07 11/8 30 86 68

LERNEN SIE UNS BESSER KENNEN! Fragen Sie Ihren Hobbyfach- oder Buchhändler nach unserem kostenlosen Magazin **Meine kreative Welt.** Darin entdecken Sie dreimal im Jahr die neuesten Kreativtrends und interessantesten Buchneuheiten.

Oder besuchen Sie uns im Internet! Unter **www.topp-kreativ.de** können Sie sich über unser umfangreiches Buchprogramm informieren, unsere Autoren kennenlernen sowie aktuelle Highlights und neue Kreativtechniken entdecken, kurz – die ganze Welt der Kreativität.

Kreativ immer up to date sind Sie mit unserem monatlichen **Newsletter.** Für aktuelle Infos, Gratis-Anleitungen und Gewinnspiele gleich anmelden unter **www.TOPP-kreativ.de/Newsletter**

IMPRESSUM

FOTOS: frechverlag GmbH, 70839 Gerlingen; lichtpunkt, Michael Ruder, Stuttgart
PRODUKTMANAGEMENT: Mareike Upheber
LEKTORAT: Regina Sidabras, Berlin
COVER: Melanie Herrmann
GESTALTUNG: Petra Theilfarth
DRUCK: POLYGRAF PRINT SPOL. S R.O.

3. Auflage 2024

ISBN 978-3-7358-7050-6 • Best.-Nr. 27050

MIX
Papier | Fördert gute Waldnutzung
FSC® C023577
Penguin Random House Verlagsgruppe
FSC® N001967